Rainer Gall / Ulrich Müller

Gestalten von Möbeln

Rainer Gall / Ulrich Müller

Gestalten von Möbeln

zum Beispiel
Gesellenstücke

Deutsche Verlags-Anstalt Stuttgart
Julius Hoffmann Verlag

Die Deutsche Bibliothek –
CIP-Einheitsaufnahme

Gestalten von Möbeln : zum Beispiel
Gesellenstücke – Rainer Gall /
Ulrich Müller. –. Stuttgart :
Deutsche Verlags-Anstalt ;
Stuttgart : Hoffmann, 1996
ISBN 3-421-03110-X
NE: Gall, Rainer; Müller, Ulrich

© 1996 Deutsche Verlags-Anstalt GmbH,
Stuttgart
Alle Rechte vorbehalten
Lektorat: Renate Jostmann
Typographische Gestaltung:
Martina Gronau
Umschlagentwurf:
Brigitte und Hans Peter Willberg,
Eppstein
Satz: Typomedia Satztechnik GmbH,
Ostfildern
Druck und Bindung:
Jütte Druck, Leipzig
Printed in Germany

ISBN 3-421-03110-X

Inhaltsverzeichnis

7 **Vorwort**

9 **Das Gesellenstück – nur zur Prüfung?**

13 **Woher die Entwurfsideen nehmen?**
    Gesellenstück-Themen
    Fassaden für einen Schrank
    Ein Ideensammler
    Für Unentschlossene: der Würfelkasten

51 **Entwerfen: Ideen bearbeiten**
    Entwurfseinflüsse
    Entwurfs-Checklisten
    Entwerfen trainieren

81 **Zum Beispiel Gesellenstücke**
    Korpusse
    Fronten
    Massivholzmöbel
    Vitrinen
    Oberflächengestaltungen
    Geschwungene Fronten
    Durchdringungen
    Stehmöbel
    Brückenmöbel
    Tradition
    Ungewöhnliches und Ausnahmen
    Tische
    Phonomöbel

143 **Nachweis der Fertiger der vorgestellten Gesellenstücke**

144 **Fotos**

Vorwort

Das Tischlerhandwerk ist ein Gewerbe, mit dem fast jeder unmittelbar in Berührung kommt. Die Arbeit des Tischlers oder Schreiners begleitet uns von Anfang bis zum Ende und ist aus unserem Leben nicht fortzudenken. Die Arbeitsgebiete des Tischlers sind sehr vielseitig. Vom Entwurf und der Gestaltung über die Materialauswahl und Konstruktion bis hin zur rationellen Fertigung von Möbeln, Einrichtungen, Bauelementen wie Fenster und Türen und dem kompletten Innenausbau bietet dieses Handwerk ein breites Feld technischer und kreativer Betätigung.

Die erste Qualifikation beweist der Lehrling oder Auszubildende mit dem Bestehen der Gesellenprüfung. Nach der in der Regel dreijährigen Lehrzeit soll mit dieser Prüfung festgestellt werden, ob der Prüfling die erforderlichen Fertigkeiten beherrscht und die notwendigen praktischen und theoretischen Kenntnisse besitzt. Die Gesellenprüfung unterteilt sich deswegen in eine Fertigungs- und eine Kenntnisprüfung. Den Hauptteil der Fertigungsprüfung stellt die Erstellung eines Gesellenstücks dar.

Im Tischlerhandwerk ist es seit jeher üblich, zum Nachweis der erlernten praktischen Kenntnisse ein Gesellenstück anzufertigen. Dazu entwirft der Prüfling aus dem Tätigkeitsbereich, in dem er überwiegend ausgebildet wurde, ein entsprechendes Möbel oder Bauteil. Bevorzugte Prüfungsstücke sind Einzelmöbel, seltener sind es Tür- oder Fensterelemente. Das hat einerseits mit den unterschiedlichen Prüfungsanforderungen zu tun, die bestimmte Elemente wie Schubkästen, Klappen oder Türen fordern, andererseits mit dem Wunsch des Prüflings, sein Gesellenstück als Erinnerungsgegenstand für sich selbst zu bauen.

In diesem Buch wird der Ideenfindung als Vorbereitung zum Entwurf eines Gesellenstücks besondere Beachtung geschenkt und entsprechend Platz eingeräumt. Damit soll dem Lehrling Anregung und Hilfestellung bei der Gestaltung seiner ersten selbständigen Arbeit gegeben werden. Die technischen Fertigkeiten beherrscht er in der Regel, die Kenntnisse und das Gespür für Formgebung und Gestaltung wollen wir mit diesem Buch vermitteln.

Allen Tischler- und Schreinerlehrlingen wünschen wir viel Erfolg.

Rainer Gall
Ulrich Müller

Oktober 1996

Das Gesellenstück – nur zur Prüfung?

Prüfungszulassung und Voraussetzungen

Die Anmeldung zur Gesellenprüfung erfolgt schriftlich, wobei die entsprechenden Termine einzuhalten sind. Neben den üblichen Unterlagen, wie Ausbildungsvertrag, Lebenslauf, Zeugnisse, ist für das Gesellenstück eine Teilschnittzeichnung nach den gültigen Normen (DIN 919) im Maßstab 1:10 einzureichen. Sie muß Vorder- und Seitenansicht, Draufsicht, genaue Maß- und Materialangaben sowie die wichtigsten Teilschnitte im Maßstab 1:1 enthalten. Diese Teilschnittzeichnung ist Bestandteil des Gesellenstücks. Der Prüfling darf mit der Anfertigung des Gesellenstücks erst beginnen, wenn der Prüfungsausschuß die Zeichnung genehmigt hat. Um bei der Gesellenprüfung optimalen Erfolg zu haben, sollte der Prüfling wissen, nach welchen Beurteilungskriterien vorgegangen wird und wie einzelne Punkte bewertet werden. Diese Informationen sind am besten beim zuständigen Prüfungsausschuß zu erfragen.

Eine weitgehend gerechte Beurteilung ist nur möglich, wenn zunächst einige Grundregeln beachtet werden. Das Gesellenstück darf in der größten Ansichtsfläche nicht größer als 1,25 m² sein. Obwohl manche Prüfungsausschüsse diese Bestimmungen sehr großzügig auslegen, ist die Einhaltung der geforderten Abmessungen wichtig. Zum Beispiel kann die Teilnahme bei dem »Praktischen Leistungswettbewerb der Handwerksjugend« trotz bester Leistungen verweigert werden, wenn das Gesellenstück nicht die geforderten Maße hat.

Ein weiteres, wesentliches Kriterium bei der Anfertigung des Gesellenstücks ist die Zeit. Hier gilt z.Z. ein Zeitrahmen von maximal 120 Arbeitsstunden. Der Prüfling muß sich also selbst einschätzen und schon beim Entwurf die Größe und den Schwierigkeitsgrad seiner Arbeit auf den vorgeschriebenen Zeitraum abstimmen. Da aber die jeweiligen Prüfungsausschüsse autonom agieren, ist es sinnvoll, sich vor Beginn der Arbeiten nach der örtlichen Regelung zu erkundigen.

Verschiedene Prüfungskommissionen verlangen am Gesellenstück folgende Elemente: eine Tür oder Klappe, eine gezinkte Schublade oder einen losen gezinkten Kasten, mindestens ein Schloß. Bei Bauelementen oder Einbauten, die als Gesellenstück gefertigt werden, kann der Prüfungsausschuß Sonderregelungen bestimmen, die jedoch entsprechende Schwierigkeitsgrade enthalten müssen. In solchen Fällen werden oft Kreuzsprossen, Rundbogen oder Keilverbindungen gefordert.

Gesellenprüfungsausschüsse

Die Gesellenprüfung wird durch die Gesellenprüfungsausschüsse abgenommen. In der Regel ermächtigt die zuständige Handwerkskammer die jeweilige Innung, Gesellenprüfungsausschüsse zu benennen. Ein solcher Prüfungsausschuß besteht aus mindestens drei Mitgliedern: einem selbständigen Handwerksmeister, einem Arbeitnehmer (Gesellen) und einem Gewerbelehrer an einer berufsbildenden Schule. Bei mehr Mitgliedern sollte immer eine ungerade Anzahl gewählt werden. Außerdem kann ein »Schaumeister« bestellt werden, der bei den einzelnen Prüflingen unangemeldet den Fortgang der Arbeiten am Gesellenstück in der Werkstatt überprüft, diese schriftlich festhält und sich das »Gesellenstück-Tagebuch« vorlegen läßt. Dieses Tagebuch soll die täglich am Gesellenstück verrichteten Arbeiten und die hierfür benötigte Zeit enthalten.

Kriterien zur Auswahl eines Gesellenstücks

Bei jeder Prüfung steht ein bestimmter Schwierigkeitsgrad zur Debatte. Dieser kann sich im Laufe der Zeit wandeln, wenn zum Beispiel neue Techniken und Maschinen zum Einsatz kommen, die inzwischen zum Standard der Entwicklung geworden sind. Dabei sind folgende Kriterien zu beachten:

1. Der Entwurf sollte gut proportioniert und ansprechend sein, sich in den gegebenen Rahmen einordnen und sich von der Gestaltung her gegenüber vergleichbaren anderen Stücken behaupten können.
2. Das Gesellenstück muß im vorgesehenen Zeitraum ohne fremde Hilfe zu fertigen sein.
3. Der Schwierigkeitsgrad muß dem Stand der Ausbildung entsprechen. Falsch wäre es, wenn vor lauter Ehrgeiz der Abstand zu den Meisterstücken nicht gewahrt bliebe.
4. Es ist sinnvoll, bekannte und beherrschbare Konstruktionsdetails anzuwenden. Nur in Sonderfällen sollte man einzelne Details ausprobieren.
5. Die Funktionen sollten bewährten Lösungen entlehnt sein und auf vertrauten Techniken beruhen. So kann man unnötige Risiken vermeiden.
6. Die verschiedenen Abmessungen, Materialdicken und -querschnitte sind entsprechend dem Werkstoff zu wählen, die Statik ist zu beachten.
7. Es ist ratsam, handelsübliche Beschläge zu verwenden, die einwandfrei funktionieren. Der Einbau und die Gängigkeit der beweglichen Teile werden in der Regel besonders bewertet.
8. Die angewandten Oberflächentechniken sollte der Prüfling einwandfrei beherrschen, vor allem die Beiztechniken, um das Gesellenstück nicht kurz vor der Fertigstellung noch zu verderben.

Ein guter Entwurf, eine fach- und werkstoffgerechte Konstruktion und eine saubere, übersichtliche Zeichnung haben einen großen Einfluß auf die allgemeine Beurteilung. Das ist besonders dann zu erkennen, wenn bei der Prüfung in einem Raum viele verschiedene Arbeiten gegenübergestellt werden. Dann wird doch die optische Form gewertet, der Schwierigkeitsgrad verglichen. Da zeigt es sich, daß auch der Entwurf eines Gesellenstücks von großer Bedeutung ist.

Bewertung von Entwurf und Konstruktion

Wenn die bekannten alten Handwerkssprüche heute noch Gültigkeit besitzen, dann ist ein Lehrling jedermann, Geselle, der was kann, und ein Meister, der was ersann.

Demnach ist es Aufgabe der Gesellenprüfung und damit des Gesellenstücks, das Können zu zeigen. Das Ersinnen wird zu einem geringeren Teil bewertet. Trotzdem sollte der Prüfling versuchen, sich für den Entwurf etwas Besonderes einfallen zu lassen. Es ist in der Regel die erste Gelegenheit in seiner beruflichen Tätigkeit, eigene Ideen zu verwirklichen – und die Gestaltung ist doch ein ganz wesentliches Merkmal im Beruf des Tischlers und Schreiners. Dabei kommt es nicht auf komplizierte, meisterhafte Konstruktionen an. Oft liegt in der schlichten Einfachheit die besondere Ausdruckskraft. Einige in diesem Buch gezeigte Gesellenstücke sind dafür gute Beispiele. Der Entwurf muß sich auch durch eine fach- und werkstoffgerechte Konstruktion verwirklichen lassen. Die Idee und der Entwurf haben also Einfluß auf alle nachfolgenden Punkte. Bei der Gestaltung werden Außenmaße, Inneneinteilung, Horizontale und Vertikale, offene und geschlossene Teile usw. in einen bestimmten Rhythmus gebracht, Gleichgewicht oder Spannung erzeugt, so daß ein guter, ästhetischer Entwurf entsteht.

Ein Fachmann – die Gesellenprüfung soll diese Qualifikation belegen – muß seine Gedanken in Wort, Schrift, Skizze und Zeichnung darlegen können. Eine Fertigungszeichnung soll alles enthalten, was später als Werkstück realisiert werden muß. Von Vorteil ist es, wenn den Zeichnungen auch eine kurzgefaßte Beschreibung des Gesellenstücks beigefügt wird. Sie sollte neben den technischen Angaben über Zweck, Material, Oberflächenbehandlung usw. auch etwas über die Ideenfindung und die gewählte Formgebung aussagen.
Die Prüfkriterien sind unerbittlich. Die Beurteilung eines Entwurfs ist Geschmackssache und kann verschieden ausgelegt werden.

Verbindungen und Beschläge

Wenn am Gesellenstück die Passung von Verbindungen kontrolliert wird, geht es nicht allein um die handwerkliche Sorgfalt. Oft wird auch geprüft, ob die Verbindung an dieser Stelle zweckmäßig und schön ist oder ob man besser eine andere gewählt hätte. Viele Prüfer setzen heute schon eine einwandfreie handwerkliche Bewältigung der Aufgabe voraus. Bei abgerundeten Ecken von Vollholzteilen werden saubere Übergänge zum Beispiel in der Jahresringstruktur als selbstverständlich vorausgesetzt, oft aber vom Prüfling nicht beachtet. Viel mehr trifft das noch bei den »Passungen« von Furnieren zu, die nicht nur einwandfreie Fugen haben, sondern auch genau in Farbe und Furnierbild aufeinander abgestimmt sein müssen. So findet dieser Begriff eine erweiterte Auslegung. Neben der Fähigkeit zur tadellosen Bearbeitung soll der angehende Geselle einen guten Geschmack und das berühmte »Gefühl für das Holz« zeigen.

Auch die Auswahl der Beschläge bedarf eines gewissen Stilempfindens. Ein vergoldeter Griff paßt zum Beispiel schlecht zu einer rustikalen Truhe, ein schmiedeeisernes Scharnier nicht zu einer zierlichen Mahagonivitrine. Beschläge sollen in Ausmaß, Material und Stabilität dem Gesellenstück entsprechen und sich farblich und formal einordnen. Bei den beweglichen Teilen des Prüfungsstücks ist auf eine besonders genaue Ausführung zu achten. Toleranzen, Spiel und Ausgleich müssen stimmen, die Fugen je nach Anordnung, Passung und Verarbeitung dicht und Flächen und Verbindungen winkelgerecht sein. Die Überstände an den Türen oder Fugen und Schattennuten sind sehr gleichmäßig zu fertigen. Das menschliche Auge ist in der Lage, wenige Zehntelmillimeter genau zu unterscheiden, und die Prüfer haben eine besondere Übung darin.

Gestaltung – ein wichtiges Kriterium

Viele Innungen und Landesverbände des Tischler- und Schreinerhandwerks sowie der Bundesverband des holz- und kunststoffverarbeitenden Handwerks schreiben zur Förderung der Kreativität bei den angehenden Gesellen Wettbewerbe aus, bei denen speziell die Formgebung der Gesellenstücke bewertet wird. Bewerben können sich alle Prüflinge, die mit ihrem Stück mindestens die Note »Gut« erreicht haben. Das Ausleseverfahren geht über die Innung oder den Kammerbezirk, den Landesverband bis zur Bundesebene und hat die Titel »Gute Form« oder »Gestaltete Gesellenstücke«. Die Bewertungskriterien sind ziemlich gleichlautend. Gewertet werden:

Form
Die Gestaltungsidee und deren Umsetzung in Material, Verarbeitung und Konstruktion
Die Beziehung des Ganzen zu seinen Teilen, in Form, Farbe, Proportionierung, Detailausbildung, Beschlagwahl.

Gebrauch
Hohe Gebrauchstauglichkeit und ein einwandfreies Funktionieren; Abmessungen, Greifbereiche und bewegliche Teile entsprechend den Anforderungen aus der Ergonomie. Ausdruck des Gebrauchs in der Form: »Das beste Produkt erklärt sich selber«: wo zu öffnen, ob zu bewegen etc.

Beziehungen
Eigenständige technische und formale Lösung, Plagiate sind nicht als gute Form zu bewerten. Bezug zur derzeitigen Möbelgestaltung.
Herstellung und Gebrauch sollen möglichst energie- und ressourcenschonend, abfallarm und in der eventuellen Entsorgung recyclinggerecht sein.
Das Möbel soll Betrachter und vor allem Benutzer mit seiner Anmutung ansprechen, die Phantasie anregen und zum Gebrauch auffordern.

Das Gesellenstück – ein Markstein der beruflichen Entwicklung

Mit der Anfertigung eines guten Gesellenstücks hat der Lehrling den Beweis erbracht, daß er jetzt ein Fachmann ist. Des Lernens ist zwar noch lange kein Ende, doch diese Arbeit ist die Basis, um später Meister zu werden.
Wesentliche Kriterien und die Grundlagen der Beurteilungen wurden hier erläutert. Aber dies kann noch nicht die eigene Beobachtung ersetzen. Prüfungskandidaten sollten sich eingehend Gesellenstücke aller Art ansehen und den eigenen Eindruck mit der Beurteilung des Prüfungsausschusses vergleichen. Darum werden hier auch ganz bewußt ausgezeichnete, aber auch noch verbesserungswürdige Gesellenstücke gezeigt. Nirgends kann man mehr lernen als am Beispiel selbst. Wichtig ist zu erkennen, wie andere die Probleme lösten und welches Niveau gefordert wird. Je intensiver die Vorbereitung und je vielfältiger die Anregungen, um so besser wird die eigene Arbeit ausfallen.

Die in diesem Buch zusammengetragenen Beispiele von Gesellenstücken sollen nicht zum Kopieren verleiten, sondern Anregungen geben.

Woher die Entwurfsideen nehmen?

Sie suchen Entwurfsideen und können einfach auf keine Lösung kommen? Ideen zu haben, hängt nicht nur von der Kreativität ab. Dahinter sollte auch die Freude stehen, Dinge zu verbinden, die eigentlich nicht zusammengehören, oder auch, frei assoziieren zu können.

Kommt eine Idee nicht von alleine, so kann sie geholt werden. Ideenfindungsverfahren können dabei helfen. Zunächst werden sie beschrieben und in den nächsten Kapiteln in Anwendungsbeispielen vorgestellt.

Beim freien Assoziieren und lockeren Zusammentragen von Ideen ergeben sich immer wieder ganz andere Dinge, zum Beispiel zur Verarbeitung, zur Konstruktion, aber auch Visionäres und Spezialitäten. Am besten wird so etwas gleich aufgezeichnet und in einer Zettelbox verwahrt. Je dicker diese ist, um so größer ist der Ideenfundus für zukünftige Entwurfsaufgaben. Die Skizzen auf diesen Seiten sind solche gesammelten Ideenfundstücke.

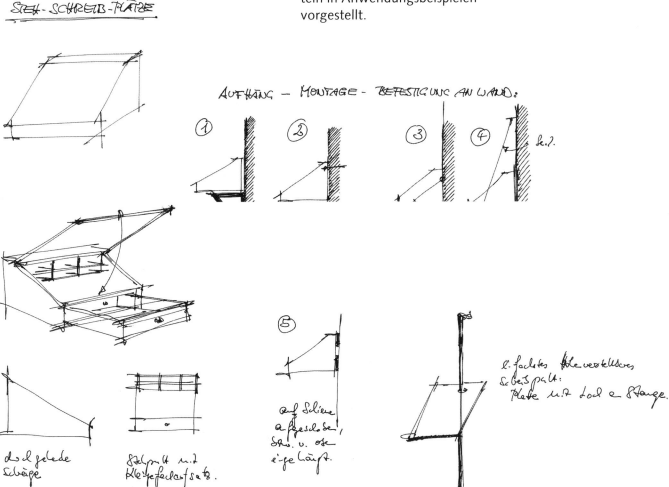

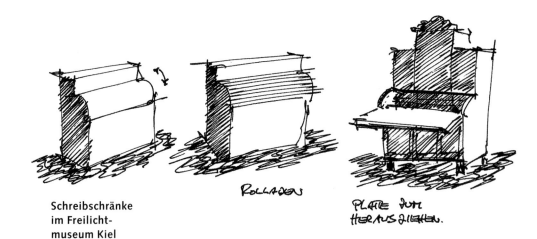

Schreibschränke im Freilichtmuseum Kiel

Schreibschränke:
- Arbeiten und unterbringen
- Verschließbarer Arbeitsbereich
- Arbeitsplatz in Wohn- und Aufenthaltsbereich integrierbar
- Arbeiten untergeordnet, Raum mit mehreren Funktionsbereichen (Wohnsituation in Großstädten)

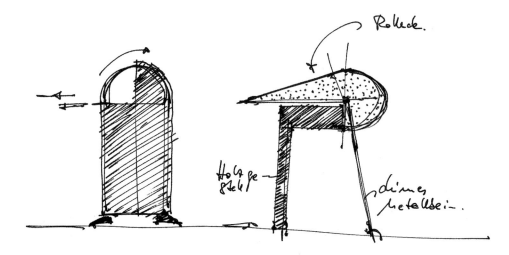

Ideenfindungsverfahren

Brainstorming:
Das Verfahren lebt von der freien Assoziation. Eine kleine Personengruppe trifft sich für eine begrenzte Zeit, zum Beispiel für 15 oder 30 Minuten. Jeder Teilnehmende darf innerhalb der Sitzung spontan Ideen zu Gesagtem äußern. Negative Kritik ist verboten! Alle Teilnehmenden sind gleichberechtigt. »Fachfremde« Personen steuern unbelastet wichtige Impulse bei. Die Ergebnisse werden nach Sitzungsende analysiert, bewertet und ausgewählt.

Eigenschaftentausch:
Ausgegangen wird von einem vorhandenen oder zumindest gut bekannten Gegenstand. Seine Merkmale und Eigenschaften werden möglichst minutiös aufgelistet. Danach werden diese Punkte systematisch durch andere ersetzt: zum Beispiel der hölzerne Griff durch einen Metallgriff oder der gerade Schnitt durch einen geschwungenen. Kleine Änderungen am Produkt sind genauso möglich wie große. Veränderungsvorschläge sollten auch hier zunächst ohne negative Kritik aufgenommen werden. Die Bewertung und Festlegung folgt erst in einem separaten Arbeitsschritt.

Verfremden oder wie geht es woanders?

Zunächst wird festgelegt, zu welcher Aufgabenstellung eine Lösung gesucht wird: zum Beispiel die Tür einer Schrankfront. Sodann werden Lösungen aus anderen Bereichen als Schränken zusammengestellt. Dies könnten Haustüren, Türen von Straßenbahnen oder von Segelschiffen sein. Dort gefundene Lösungen werden auf Innovation untersucht und dann auf Umsetzbarkeit überprüft.

Das Ganze geht auch umgekehrt: Für die Zugbrücke einer Burg wird eine Einsatzmöglichkeit gesucht. Sie gibt zum Beispiel Anregung für einen klappbaren Wandtisch. Der abgestufte Aufbau mit Warmhaltemöglichkeit eines Frühstückbuffets im Hotel könnte den Impuls für einen Oberboden einer Speisezimmeranrichte abgeben.

Morphologischer Kasten:

Eine Aufgabenstellung, zum Beispiel ein Schreibtisch, wird gedanklich in seine Einzelteile zerlegt: Unterbau, Platte, Kabelkanäle, Korpusse ... Für jedes Bauteil werden unabhängig von den anderen unterschiedliche Lösungen gesucht und in einer Art Tabelle, dem Kasten, aufgezeichnet. Für jedes Einzelteil wird eine Lösungsvariante ausgewählt, alle festgelegten Varianten miteinander verbunden. Zu der geschwungenen Schreibtischplatte kommt so vielleicht ein Untergestell mit Rädern, das einem Servierwagen ähnelt, und die Schreibmaterialien wandern in offen aufgehängte Hängeregisterkästen. Dieser Schreibplatz ist zumindest überlegenswert.

Ideenfindung: Eisverkaufswagen wird zum Barwagen

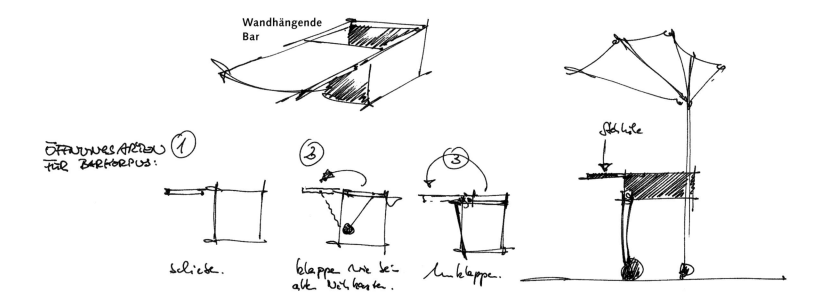

Woher die Entwurfsideen nehmen?

Gesellenstück – Themen

Mancher Gesellenstück-Barschrank fand sich schon als Schauobjekt im Schreinerbüro wieder, meist allerdings wird das Gesellenstück gleich als Schmuckstück im eigenen Lebensbereich aufgestellt. Daher begründet sich wahrscheinlich auch die Rangliste der Themen. An erster Stelle stehen Möbel für den Freizeitbereich wie für Phono, Hi-Fi, CD, Video und Foto. So erfüllt das Stück gleich zwei Wünsche: Stolz kann das Geleistete täglich bestaunt werden, und es erfüllt als Aufbewahrungsgegenstand für eine der häufigsten Freizeitbeschäftigungen eine wichtige Aufgabe.

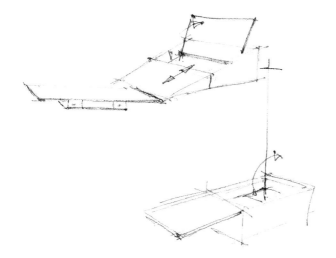

Nicht ganz so dominant in der täglichen Freizeit stellt sich die zweithäufigste Möbelgruppe dar: Anrichten, Vertikos und Sideboards. Sie haben meist eher zweckdienlichen Charakter. Da ziehen die Möbel der dritten Gruppe schon wieder eher die Augen auf sich. Sie dienen zur Präsentation liebgewonnener Stücke: Vitrinen und Glasschränke.

An nächster Stelle folgen die Schreibtische. Als wirkliches Arbeitsmöbel sind sie aber meist etwas zu klein und dürften eher für private Arbeiten geeignet sein. An fünfter Stelle folgen die Barschränke – wieder ein Möbel zum Genuß in der Freizeit.

Als Gesellenstücke sind außer Aufbewahrungsmöbeln für den Privatbereich auch Tische oder gar Bauschreinerarbeiten denkbar. Gewählt werden können solche Themen durchaus. Nur in wenigen Fällen schränken die Prüfungskommissionen die Themenwahl ein. Am überzeugendsten kann derjenige seine Leistung zeigen, der sich an die Ausbildungsordnung hält und ein Gesellenstück aus dem Arbeitsgebiet seines Ausbildungsbetriebs wählt, das er am sichersten beherrscht.

Wer in einer Schreinerei für Ladenbau arbeitet, kann eine Theke bauen. Wer in einer Tischlerei für Büromöbel lernt, einen Schreibtisch und wer in einem Ökobetrieb arbeitet,

dem wird etwas anderes einfallen als ein hochglanzlackiertes Möbel. Wer Spezialwissen in die Aufgabenstellung seines Stücks einbringt, darf sich eines erhöhten Respekts sicher sein. Der Verkaufstisch für den Bonsai-Laden wird sich in einer Ausstellung immer von den gewohnteren Möbeltypen abheben.

Sie wollen aber ein Möbel für zu Hause und können dort keine Ladentheke gebrauchen? Direkt nicht, aber aus dem Gelernten läßt sich vielleicht eine innovative Wäschekommode bauen. Und pfiffige Ideen für Zeitungsständer in Kiosken können auch zu überaus reizvollen und interessanten Möbelideen für das Wohnzimmer verhelfen.

Kurzum, wer ein Thema für sein Gesellenstück sucht, muß keineswegs ausschließlich an zu Hause denken. Um nun hier ein paar Impulse zu geben, folgen 222 Ideen, diese Liste läßt sich aber bestimmt von jeder Gesellin und jedem Gesellen noch ergänzen.

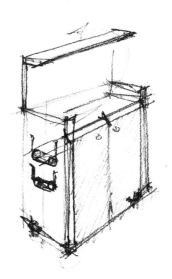

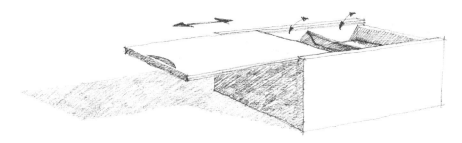
Utensilienkästchen

2. Für Club, Café, Verein

oder den Spieltrieb zu Hause

Bartheke
Billardqueueschrank
Blechspielzeugvitrine
Espressobar
Handschuh-, Schal- und
    Mützenschrank
Hi-Fi-Möbel
Jagdschrank
Kastenfenster mit Vitrinen-
    böden
Kindergartenspielmöbel
Kindertheater, Podeste mit
    Vorhängen
Kinderzimmerparavent mit
    Spielelementen
Klönmöbel – Stehen und
    Plaudern
Lesetisch
Modelleisenbahnvitrine
Pokalvitrine
Porzellanpuppenvitrine
Puppentheater
Rednerpult
Schrank für Utensilien einer
    Sportart
Spieleschrank
Spielmöbel für Wartebereiche
Spieltisch
Sportgeräte
Stammtisch mit Schieber
Stundenplan mit Notizen-
    pinwand
Teeschrank
Teetheke
Trennwandmöbel
Tisch zum Sitzen, Spielen und
    Schreiben
Vereinsschatulle
Videoschrank
Vitrinencouchtisch
Wandverkleidung mit Klapp-
    fachboden

1. Für Kneipe, Gaststätte, Restaurant

oder den Eßplatz zu Hause

Abfallsortierschrank
Anrichte mit Warmhalte-
    möglichkeit
Aquarientisch
Bar- und Zeitungsschrank
Besteck-Servietten-Schrank
Bierausschank
Blumenpräsenter
Buchvitrine
Durchreiche-Element
Erinnerungsschrein
Essenszubereitungs-Service-
    wagen
Fahrender Serviercontainer
Fensterbekleidung mit kleinen
    Fachböden
Gästebuchpult
Heizkörperverkleidung mit
    Vitrine
Marmeladenschrank
Pendeltüre mit Korpus
Satztische
Schnapswagen
Speisekartentafel mit
    Tellerhalter
Stehbar
Telefonmöbel zum gemüt-
    lichen Anlehnen
Tisch mit Schublade
Wein-Wandschrank
Wintergartenbank
Zeitungshängeschrank

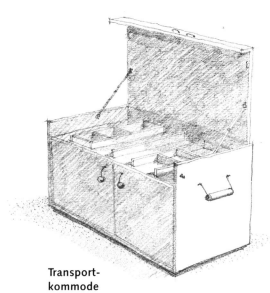
Transportkommode

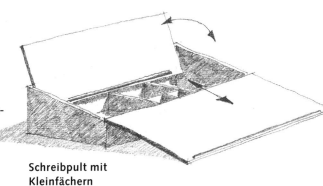
Schreibpult mit Kleinfächern und Buchplatte

Gesellenstück – Themen

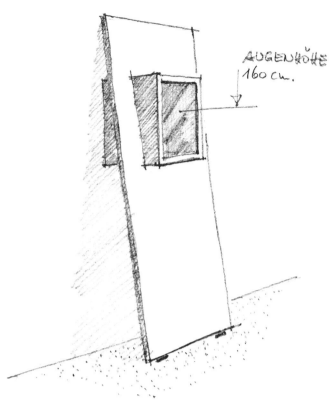

Anlehnvitrine

3. Für Hotel, Kurheim, Sanatorium

oder Schlafzimmer und Bad

Bettablage mit Schlafutensilienkasten
Bettkasten
Fernsehschrank
Fitneßmöbel
Garderobenmarkenausgabe
Garderobenschrank
Handtücherschrank
Hosentascheninhaltsablegeschränkchen
Innenklappladen
Innenschiebeladen
Kaffeeservice-Schrank
Kinderbett
Kinderwiege
Kleiderschrank
Kofferablage
Kommode mit Aufsatzspiegel
Medizinmagazin
Minibar im Hotelzimmer
Morgenweckermöbel
Prospektfächerschrank
Schmuckschatulle
Schrankkoffer
Schuhputzmöbel mit rotierender Bürste
Schuhschrank
Seifen- und Zahnpastaschrank
Sockenkiste
Spiegelschminkschrank
Wandelement mit Reckstange
Wäscheschrank mit Zedernstückchen
Wäschetruhe
Waschtischunterbau
Wickelkommode

4. Für Laden, Messestand, Showroom

oder Schreinerei oder Wohnzimmer

Andenkentheke
Begrüßungstrunktheke
Deckenelement mit Beleuchtung und Lautsprecher
Deckenhängende Korpusse
Diaprojektormöbel
Espressobarschrank
Fensterbank
Fensterelement
Fotoalbensammler
Großdiapräsentierer
Ladentisch
Materialmustersammler
Pflanzenpräsentierer
Plakateschrank
Preistafelschrank
Prospektauslage-Wandschrank
Raumtrennelement
Registraturschrank
Rezeption
   für Messestand
   für Boutique
Schaufensterdisplay
Schiebetürelement
Schrankuhr
Sonderaktionenpräsentierer
Treppen
Türen
Vasenvitrine
Wandanlehnmöbel
Warenpräsentierer
Warenvitrine
Zeitschriftenschrank

5. Für Besprechung, Planungsatelier, Verwaltungsbüro

oder den privaten Arbeitsplatz

Aktenkoffer
Aufsatzschrank für Tisch
Bibliotheksleiter
Bücherregal mit Schreibplatte
Computer-Arbeitstisch
Computer-Steharbeitsplatz für den Blick ins Internet
Diasortiertisch
Dokumentenschrein
Draufsitzdenkerkiste
Hängeregistercontainer
Heizkörperverkleidung
Innenraum-Modelle
Leuchtpult
Leuchtschreibtisch
Ordnerschrank
Planschrank – auch für Plakate
Reiseschreibtisch
Rezeptionsarbeitsplatz
Rollcontainer für Schreibutensilien
Sammlerschrank
Schneidetisch für Modellbau
Schreibpult
Schreibtisch
Standuhr
Stehpult
Videopräsentierer
Wandvitrine
Zeichenmaterialienschrank
Zeitungsauslage
Zeitungslesepult

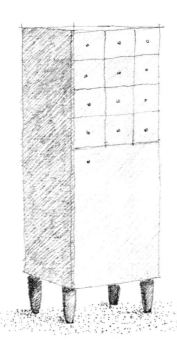

Sammelschrank

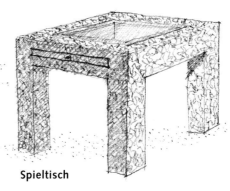

Spieltisch

Infokorpus   **Auslage Gästebuch, Referenzmappe, Album usw.**

Gesellenstück – Themen

**Wäsche-
Kommödchen**

Durchreiche

6. Für Atelier, Lager, Werkstatt

oder den Hobbyraum

Arbeitsutensilienschrank für
    Nähen, Stricken oder
    Weben
Dia-Leuchtschrank
Fuhrpark-Ladepapiereschrank
Gerätekasten für Mikroskop
Goldschmiedearbeitsplatz
Hängeuhr
Kasten für Telefon- und
    Visitenkarten
Kommissionierungsfächer-
    schrank
Medizinschrank
Minibüro, trag- oder schiebbar
Notizenklappwandschrank
Papierrollentruhe
Schaltpult
Spielzeugkisten zum Stapeln
Staffelei
Teeküchenschrank
Telefonwandbord
Trennwand mit Durchreiche
Wandhängeschreibschrank
Werkzeugkiste
Zeitplantafel

7. Für Dampfer, Laster, Wohnmobil

oder für Ausflüge und Reisen

Balkonschrank
Besteckbehälter
Bordkiste
Eisgetränkebox mit Garten-
    schirm
Hängeschränkchen für Bade-
    utensilien
Kapitänstruhe
Klappwandbett
Landkartenstehpult mit Korpus
Miniküche
Navigationsgeräteschrank
Picknick-Klappeßplatz
Picknickkoffer
Sonnenliege mit Drehablagen
Spielesammlungstruhe
Stapelbox
Truhe zum Sitzen und Staunen
Verwandlungstisch
Vorratstruhenschrank
Wäschekiste
Werkzeugkiste

8. Specials für Singles und Freaks

Bauchladen
Blumenutensilienschrank
Brotschrank mit Toasterplatz
Drehorgelkorpus
Essenshack- und Schneidemöbel
Flötenschrank
Frühstückswandschrank
Geigenschrank
Gewürztrockner
Graffiti-Spray-Schrank
Leierkastenaufbewahrer
Marionettenschrank
Notenschrank mit Ständer
Pfeifenschrank
Playmobilkiste
Puppenstube im Schrank
Satztische
Saxophonschrank
Schaltpult
Schmuckschatulle
Schoko-Riegel-Kasten
Schrank für Getreidekörner
    und Mühle
Schrank für Weihnachts-
    baumschmuck
Singleküche
Snackschrank
Steuerpult
Teezeremonienmöbel
Tischlein-Deck-Dich
Zeitungslesepult
Zeremonienmöbel

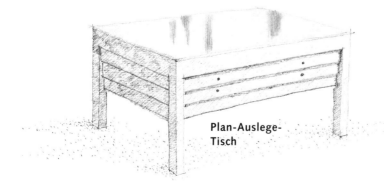

**Plan-Auslege-
Tisch**

Fassaden für einen Schrank

Für einen Korpus mit gewölbtem Oberboden wurden 55 Beispiele für eine Front entworfen, zum Teil waren es spontane Einfälle, andere wurden nach dem Ideenfindungsverfahren »Eigenschaftentausch« ermittelt.

Ausgangspunkt für die Beispiele auf den folgenden Seiten war dieser Korpus:

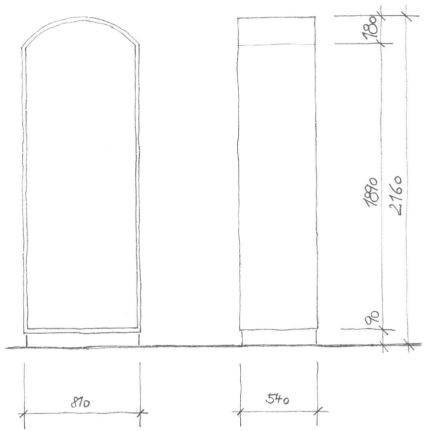

Nach der gleichen Arbeitsweise läßt sich für jeden Korpus eine Fülle von Fassadenvarianten entwickeln. Mit diesem Verfahren können aber auch vorgegebene Möbel überarbeitet werden.
An einem ganz langweiligen Kellerschrank oder einer alten Wäschekommode lassen sich die nun dargestellten Variationsmöglichkeiten durchspielen.

Für einen Korpus fallen einem zunächst die ganz praktischen und gewohnten Fassadenteilungen mit Türen und Schubladen ein.

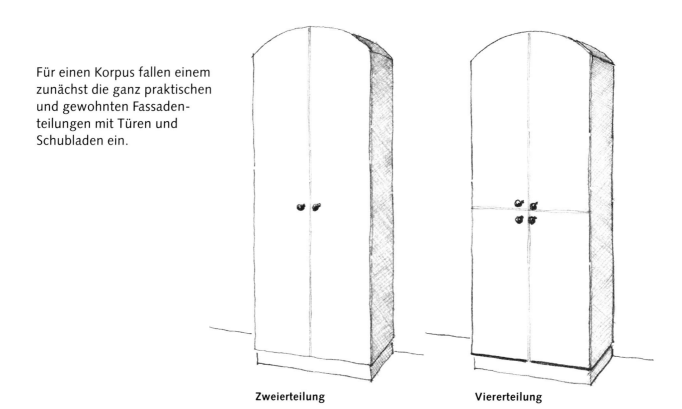

Zweierteilung   **Viererteilung**

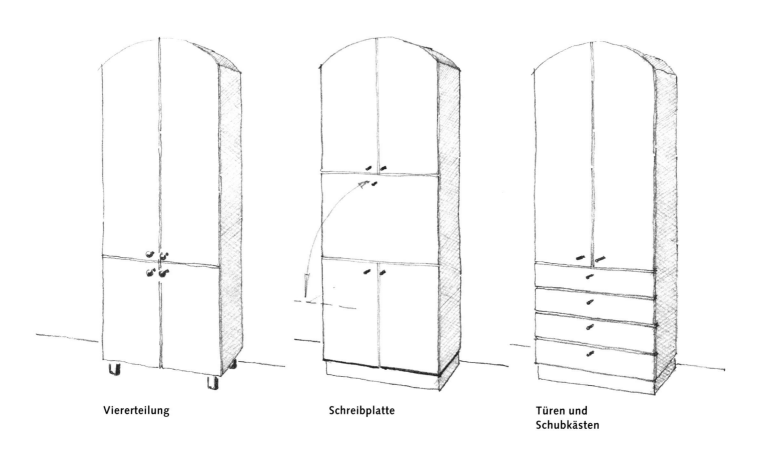

Viererteilung   **Schreibplatte**   **Türen und Schubkästen**

Fassaden für einen Schrank

Klassischerweise sitzt der Türstoß einer Fassade immer symmetrisch, ist möglichst eng, gerade und durchgehend gleich. Nach dem Verfahren »Eigenschaftentausch« könnte dies auch anders sein. Er kann geschwungen sein, dominant verbreitert, sich sogar zu einer Vitrinenöffnung vergrößern.

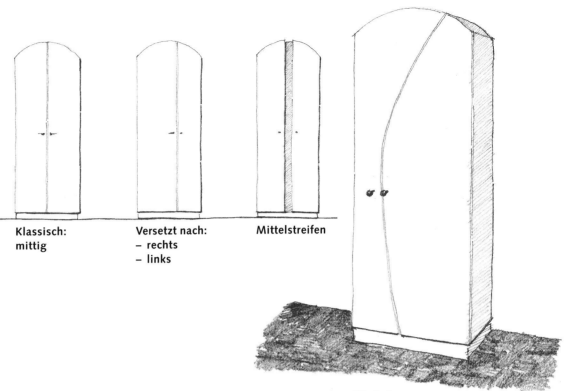

Klassisch: mittig

Versetzt nach:
– rechts
– links

Mittelstreifen

Türstoß geschwungen

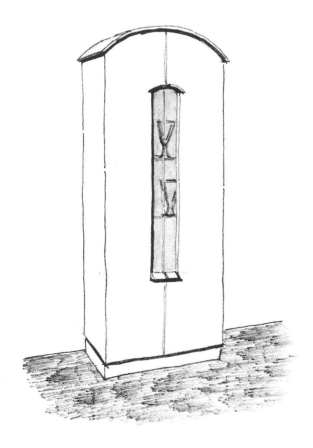

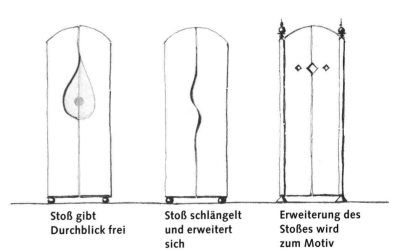

Stoß gibt Durchblick frei

Stoß schlängelt und erweitert sich

Erweiterung des Stoßes wird zum Motiv

Fassaden für einen Schrank

Türen in Rahmen- und Füllungskonstruktionen leben je nach Entwurf durch kontrastierende Materialkombination auf. Die Füllung kann aus Geflecht, Peddigrohr, Lochblech, Fliegengitter, Stoff, Kunststoffolie, aber auch aus ungehobelten Brettern sein.

Aufgesetzte Profilstäbe ergeben zwar eine Gliederung der Fläche, gaukeln aber eine nicht vorhandene Konstruktionsart vor. Solche »Scheinkonstruktionen« sind gestalterisch gesehen keineswegs günstige Lösungen.

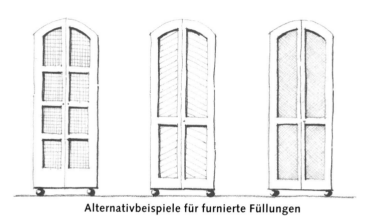

Alternativbeispiele für furnierte Füllungen

z. B. Peddigrohr   z. B. Riemchen   z. B. Geflecht

Füllung Glas   **Aufgesetzte Profilstäbe**   **Füllung massiv**

Fassaden für einen Schrank

Warum müssen die Türkanten immer mit den Korpuskanten abschließen? Die Türoberkante kann niedriger, die Seitenkante zurück- oder überspringend sein. Demzufolge könnte die Türform sich also ganz von der Korpusform lösen. Bei den alten Schränken saßen die Türen in einem Frontrahmen. Die Türöffnung war kleiner als der Korpus – die Front konnte dadurch stärker gestaltet werden als heute.

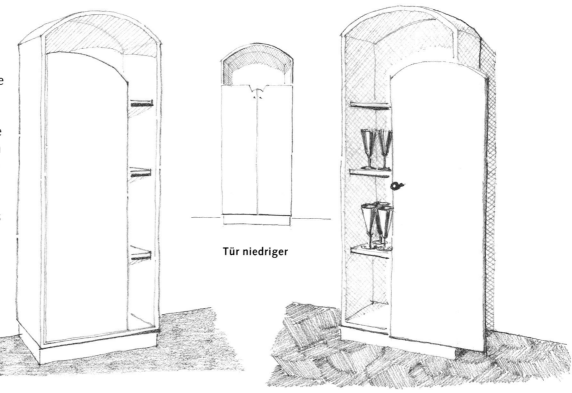

Tür schmaler

Tür niedriger

Tür kleiner und versetzt

Türblatt überstehend

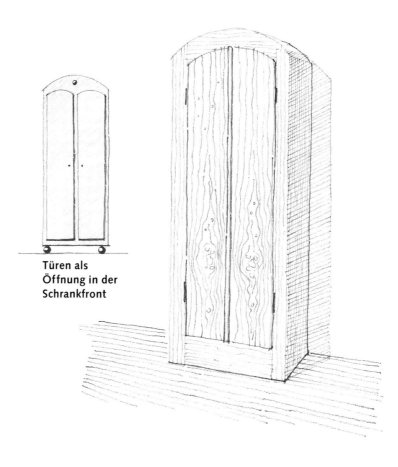

Türen als Öffnung in der Schrankfront

Fassaden für einen Schrank

Die Front selbst kann durch Schlitze, Lochungen und große Öffnungen aufgelockert werden. Je nach Form der Öffnungen können Assoziationen geweckt werden: Gartenzaun, Telefonhäuschen – doch was auf den ersten Blick vielleicht nett aussieht, wirkt nach längerer Zeit unter Umständen als aufgesetzter Gag.

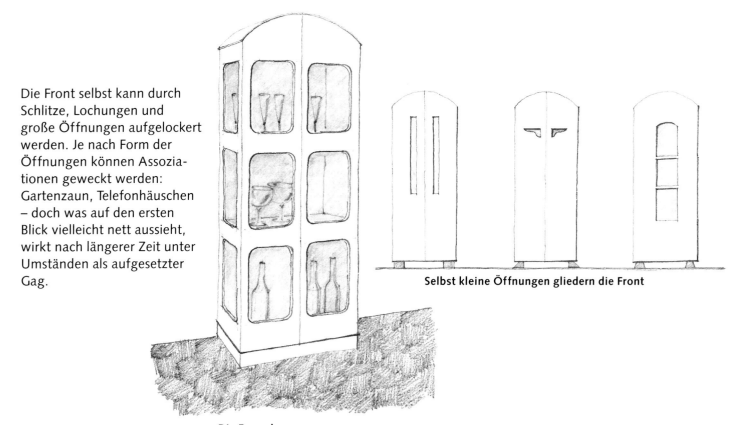

Selbst kleine Öffnungen gliedern die Front

Die Form der Öffnungen kann Assoziationen wecken: Telefonhäuschen, Eisenbahnwaggon

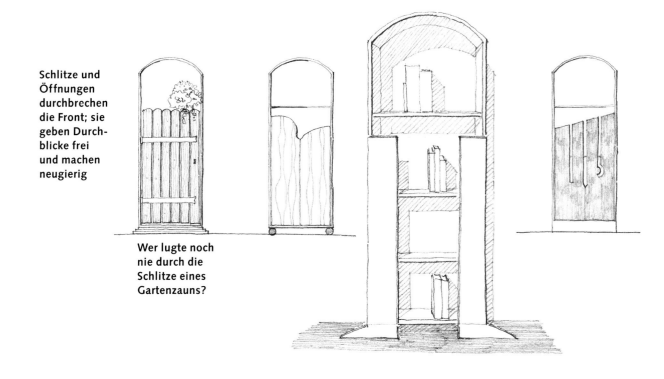

Schlitze und Öffnungen durchbrechen die Front; sie geben Durchblicke frei und machen neugierig

Wer lugte noch nie durch die Schlitze eines Gartenzauns?

Fassaden für einen Schrank

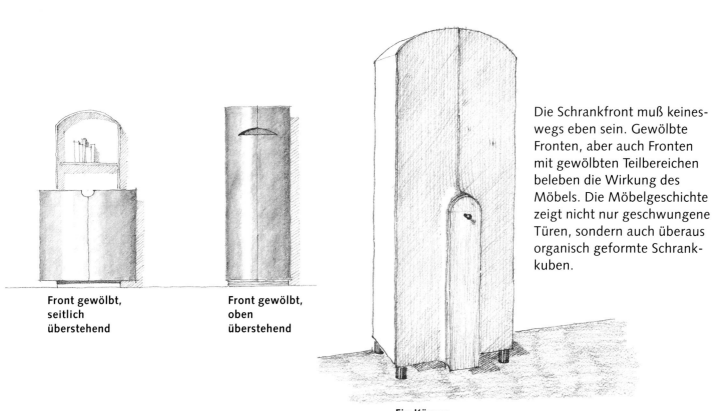

Front gewölbt, seitlich überstehend

Front gewölbt, oben überstehend

Die Schrankfront muß keineswegs eben sein. Gewölbte Fronten, aber auch Fronten mit gewölbten Teilbereichen beleben die Wirkung des Möbels. Die Möbelgeschichte zeigt nicht nur geschwungene Türen, sondern auch überaus organisch geformte Schrankkuben.

Ein Körper schiebt sich durch die Schrankfront

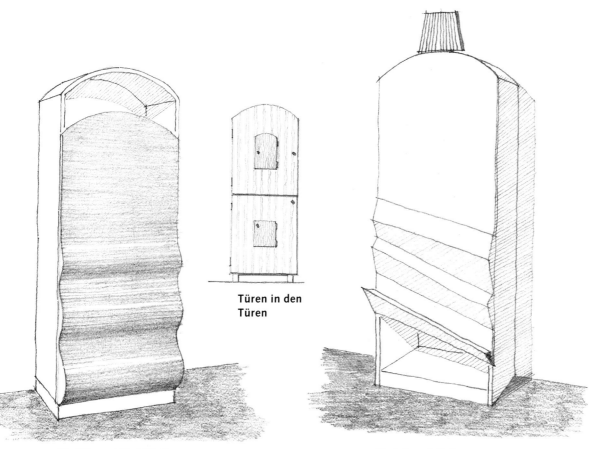

Die Tür »schlägt Wellen«

Türen in den Türen

Die Tür gefaltet

Fassaden für einen Schrank

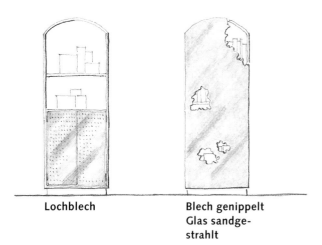

Lochblech

Blech genippelt
Glas sandgestrahlt

Was für manchen Schreiner so nahe liegt, ist für den Gestalter keineswegs verbindlich: Holz für die Türen. Die Front kann aus vielerlei Materialien gefertigt werden. Bei einem Gesellenstück ist allerdings, aus verständlichen Gründen, der Anteil der Fremdmaterialien begrenzt zu halten.

Blechschrank

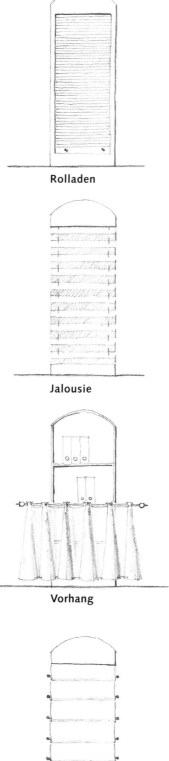

Rolladen

Jalousie

Vorhang

Rollo

28   Fassaden für einen Schrank

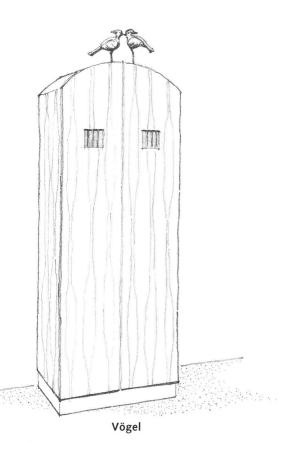
Vögel

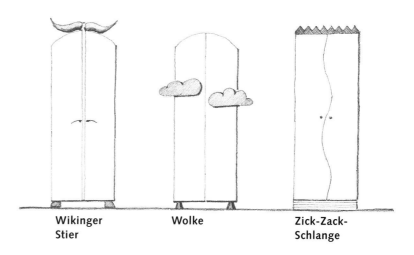
Wikinger Stier   Wolke   Zick-Zack-Schlange

Die Front kann mehr sein als ein Verschluß des Korpusses. Sie kann zur Kulisse und zum ausgeprägten Stimmungsträger werden. Vielfältigste gestalterische Zitate aus der Architektur und Theaterwelt sind denkbar. Wer sich gestalterisch nicht sicher ist, sucht sich am besten andere Gliederungsmöglichkeiten. Die Gratwanderung zwischen gelungener Gestaltung und Kitsch ist schwierig.

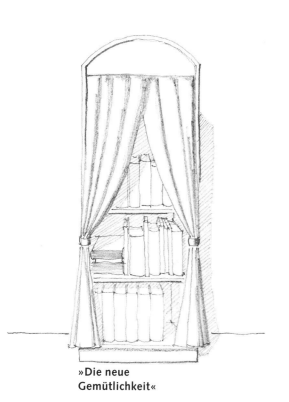
»Die neue Gemütlichkeit«

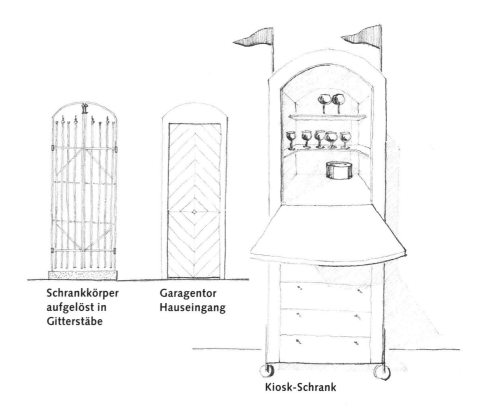
Schrankkörper aufgelöst in Gitterstäbe   Garagentor Hauseingang   Kiosk-Schrank

Fassaden für einen Schrank

Ein Ideensammler

Ideen für Möbelentwürfe finden sich überall – man muß sie nur entdecken. Mancher ganz profane und eigentlich total uninteressante Gegenstand kann urplötzlich Impulse für Neuigkeiten abgeben. Manchmal allerdings muß man für solches Entdecken »ein bißchen schief gucken« oder »ums Eck denken«. Oder anders ausgedrückt: Die Idee aus einem Bereich wird in einen anderen umgesetzt.

Analogien und Verfremdungen werden hergestellt. Dieses Ideenfindungsverfahren könnte »Verfremden, oder wie geht es woanders« genannt werden.

Wie beim »Brainstorming« klappt dieses Entdecken nur bei demjenigen, der überhaupt entdecken will und der grundsätzlich positiv auf Suche geht. Wer immer denkt: »Geht doch nicht, weil ...« mag zwar vordergründig recht haben, steht sich aber selbst im Weg.

Wohnumfeld, Arbeitsumfeld, Freizeit und Urlaubsorte, Literatur, Film und alle weiteren Felder, in denen Gegenstände gebaut oder erdacht wurden, können Impulse abgeben.

Gehen wir einmal entdecken ...

**Tabakschuppen
in Bad Wimpfen**

**... am Wohnort.
Ein Funktionsdetail umsetzen.**
Vielleicht hängen am Haus des Nachbarn interessante Klappläden, die ein gutes Motiv für Schranktüren abgeben.

Oder es wurde vor kurzem ein Haus mit einem »schwebenden« Dach gebaut – übertragbar auf den Oberboden einer Vitrine?

In Bad Wimpfen am Neckar stehen zwei alte Tabakscheunen. Darin wird noch heute Tabak getrocknet. Die Längsfassaden sind so ausgebildet, daß durch die Bretter die Luft zirkuliert, der Regen aber abgehalten wird. Der Neigungswinkel der Bretter läßt sich der Witterung entsprechend verändern.

Die Fassadenbretter bilden in ihrer Vielzahl ein interessantes Ornament. Dieses kann Impulse für einen Pfeifenschrank geben. Die Funktion »Geschützt Trocknen« könnte aber auch den Impuls für einen Gewürztrockenschrank liefern. Nicht das Gebäude in einer verkleinerten Form nachzubauen gilt es, sondern die Grundidee zu übertragen.

Aus den Tabakscheunen könnte ein schlanker, hoher Schrank entstehen. Die Rahmenschenkel des Türrahmens sind so positioniert, daß sie bündig mit den Seiten des Korpusses laufen. Die Rahmenschenkel sind quasi die Verlängerung der Korpusseiten.

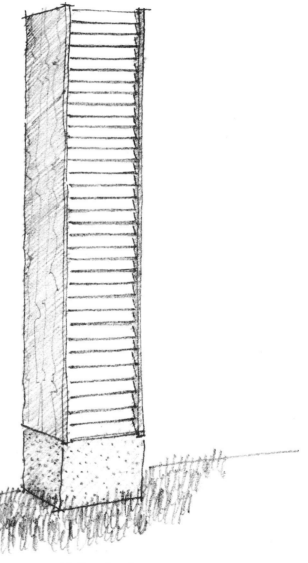

Pfeifenschrank

Ein Ideensammler

Gehen wir einmal entdecken…

**Daimler – Werkstatt
Bad Cannstatt**

… im Kurpark. Die Gebäudeform als Möbelkubus.
Im Kurpark von Bad Cannstatt in Stuttgart steht noch die alte Werkstatt von Gottlieb Daimler. Hier entstand die erste motorisierte Kutsche, mit der Daimler dann durch den Garten und die Gassen knatterte. Der Glasanbau und die Werkstatt sind heute ein kleines Museum. Auch wenn das Museum geschlossen ist, kann man hineinschauen, der Glasanbau wird zur großen Vitrine.

Die Vitrine im Großen funktioniert auch als Vitrine im Kleinen. In eine solche Vitrine kann man von vorne und von oben hineinschauen.

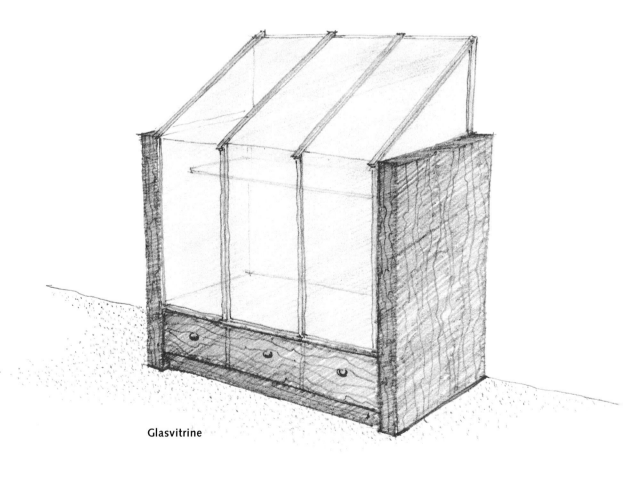

Glasvitrine

32   Ein Ideensammler

... im Garten.
Eine Verschlußart umsetzen.

Im alten Birnbaum hängt seit Jahr und Tag ein Nistkasten. Im Herbst wird das Vogelnest beseitigt, damit sich keine Flöhe einnisten. Die Front des Kästchens läßt sich für die Reinigung nach oben klappen.

Würde der Nistkasten in der Front vergrößert und ließe sich die Klappe nach unten öffnen, so entstünde ein Schrank, dessen Klappe zum Klapptisch und der Kasten zum Schrankkorpus wird. Im Korpus wären noch ein paar schmale Fachböden denkbar, um Geschirr und Gläser abzustellen.

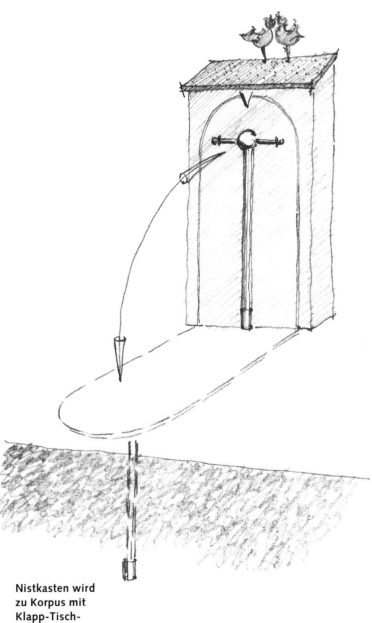

Nistkasten wird zu Korpus mit Klapp-Tischplatte

Ein Ideensammler

Gehen wir einmal entdecken...

**... auf Märkten.
Seltenes und Improvisiertes.**
Töpfermarkt, Bazar, Zunftmarkt, Antiquitätenmarkt, Maimarkt, Weihnachtsmarkt, Flohmarkt ... manch Seltenes und Seltsames findet sich hier. Diese Märkte leben häufig von den unkonventionellen Anbietern, von denen, die keine professionellen Gestalter und Verkäufer sind. Phantastisches, Skurriles, Bezauberndes wird zum Teil aus Spaß und Lebensfreude entwickelt. Das Ungewohnte verliert sich bei denen, die auf Verkauf angewiesen sind, häufig aus »Marktüberlegungen«. Aber gerade diese Phantasiewelt zieht das Publikum an. Was läßt sich von solchen Sinnenreizen in einen Möbelentwurf übertragen?

Märkte

... in Freilichtmuseen, Museen und Sammlungen. Ideenrecycling.

In Unewatt, einem Dorf in Angeln an der Ostsee, wurden vier verschieden gelegene Gebäude zu einem Freilichtmuseum zusammengeschlossen. Das Museum integriert sich in ein aktives Dorfleben. Im Museumsdorf bei Kiel wurden Gebäude aus unterschiedlichen Gegenden zusammengetragen. Eine Fülle historischer Dokumente läßt sich studieren.

Reizvoll können diese Zeitzeugnisse sein, wenn alte Möbeltypen und -formen auf neue Nutzungsmöglichkeiten hin untersucht werden. So könnte aus dem früheren Möbeltyp »Vorratsschrank« ein Essensschrank für eilige Snacker werden. Klappe runter und die Tischfläche ist da, die Türen auf und Brot, Margarine und Marmelade können auf die Platte geholt werden. Je nach Höhe kann im Stehen oder Sitzen nach allem Notwendigen gegriffen werden. Danach: wisch – klapp – alles wieder aufgeräumt und Schrank geschlossen.

Vorratskasten in einem Bauernhaus in Unewatt

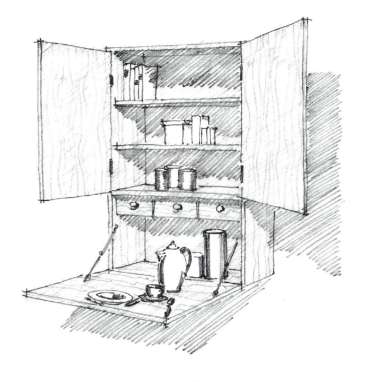

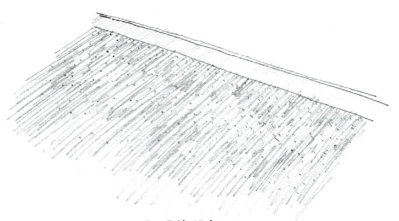

Der Frühstücksstehschrank

Ein Ideensammler

Gehen wir einmal entdecken...

Kleiderschrank

... z.B. Freizeit-Fundstücke. Erinnerungen Möbel werden lassen.

Ziel eines Möbelentwurfs könnte sein, die Atmosphäre eines Orts einzufangen: Strandhäuschen, Eiskioske und andere Elemente einprägsamer und sympathischer Orte dienten schon als Vorlage für neue Möbel.

Das alte Freibad von Streitberg in der Fränkischen Schweiz ist wohl inzwischen geschlossen. Die Umkleidekabinen können prima Impulse z.B. für Wäscheschränke abgeben. Die Kabinengruppen lassen sich vielleicht in Anrichten umsetzen...

Farben und Formen solcher Fundstücke können direkte Impulse für Möbel- und auch ganze Innenraumentwürfe geben.

Umkleide in Streitberg

Kleiderschrank

Ein Ideensammler

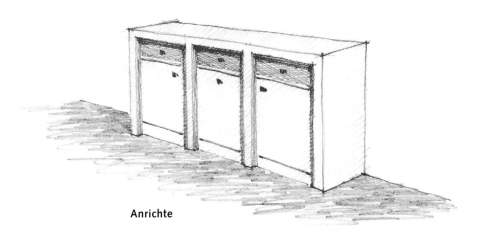

Anrichte

Freibad
Streitberg

Anrichte

Ein Ideensammler

Gehen wir einmal entdecken...

Möbelhäuser und betriebliche Ausstellungen

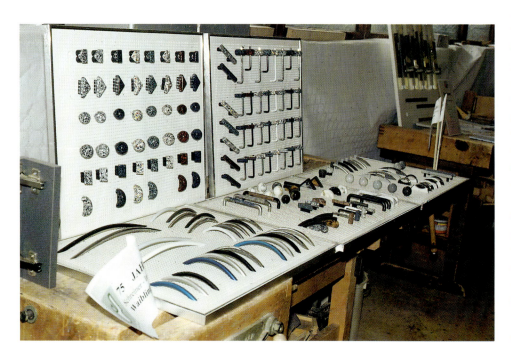

Tag der offenen Tür

... in Möbelhäusern und bei betrieblichen Ausstellungen.
Selbst in kleinen Städten gibt es häufig eine Wohnboutique, ein Möbelatelier oder ähnliches. In den ambitionierten Häusern steht nicht nur das gewohnte Mobiliar. Welche Möbeltypen werden ausgestellt? Welche Fertigungstechniken wurden eingesetzt? Wie wurde mit der Oberfläche umgegangen? Von avantgardistischem Mobiliar lassen sich mögliche Trends ablesen.

In großen Möbelhäusern sind die Ausstellungsflächen häufig nach Wohnstilen gegliedert. Junges Wohnen, Klassiker, Modernes, Trendmöbel und Stilmöbel – für jeden Geschmack soll hier etwas angeboten werden. Schlendern Sie einmal durch ein solches Möbelhaus und stellen gedanklich Ihr Möbel mit dazu. Wenn dieses gestalterisch eher zu den alten Stilen paßt, könnte es noch mal durchdacht werden – es sei denn, Sie wollen bewußt kein modern wirkendes Möbel erarbeiten.

Wesentliches Moment der Möbelpräsentation ist die Stimmung, die vermittelt werden soll. Welche Accessoires werden verwendet? Bieten sie eventuell schon Anregungen für Möbelentwürfe?

38   Ein Ideensammler

... bei »Tagen der offenen Tür«.

Bei »Tagen der offenen Tür« läßt sich geruhsam durch Werkstätten und kleine Ausstellungen schlendern. Besonders interessant können diese Besuche in Räumen anderer Gewerbe sein. Impulse lassen sich sammeln: beim Uhrmacher für die Wanduhr, in der Gärtnerei für den Terrarienschrank, im Fliesenhandel für den Badeschrank, beim Polsterer für die Sitzpolster der Hochlehnerbank ... Manchmal wird man auf komplett Neues stoßen, häufig ist es »nur« die Anregung für ein Dekor.

... auf Möbelmessen. Neueste Trends.

Über die neuen Möbeltypen auf den großen internationalen Messen wie in Köln, Mailand oder Paris wird in Zeitschriften und Magazinen berichtet und über mögliche Trends kräftig spekuliert. Da ist manche modische Momentaufnahme dabei, gezeigt werden aber auch viele Entwicklungen, die dann über Jahre unsere Möbel prägen.

Materialmix war eine Zeitlang ein Thema, dem die »Neue Natürlichkeit« folgte. Welche Formen, Materialien, Konstruktionen und Farben werden in den neuen Kollektionen angeboten? Handwerkliche Details verschmelzen mit neuem Design. Massivholz in feinproportionierten Konstruktionen. Räder und Rollen unter Schränken, Betten, Tischen und Anrichten – ein Symbol der Mobilität der Käufer? Insektenbeine, Elefantenfüße und Skelette als Vorbilder für Möbel? Wer die Veröffentlichungen, zum Beispiel der Pariser Möbelmesse, aufmerksam studiert, kennt die neuen Trends.

Möbelmesse
Paris 1995

Gehen wir einmal entdecken...

... in Werkstätten. Impulse durch Kommunikation.
Bei gutem Zuhören läßt sich aus manchem Gespräch mit Kunden eine Idee für Möbel gewinnen. So erläuterte in unserer Werkstatt einmal ein Kunde seine Vorstellung von einem Medienschrank, bei dem der Diaprojektor und alle Hi-Fi-Komponenten nebeneinander in Augenhöhe eingebaut wurden. Ein anderer träumte von einem Eßtisch, in dessen Mitte ein Aquarium mit Piranhas wäre. Sie sollten sich auf alle Krümel stürzen, die von der Platte in das Wasser gekehrt werden. Das Tischtuchschütteln war er leid.

Aber selbst so alltägliche Dinge wie Beschläge stehen nach manchem Gespräch mit Kunden plötzlich in anderem Licht. Die Terrazzo-Kugelgriffe erinnern plötzlich an die lustige Geschichte im Treppenhaus eines Gründerzeitgebäudes... und finden so Zustimmung.

Im Gespräch mit Arbeitskolleginnen und Kollegen werden manchmal die seltsamsten Möbel- und Innenraumideen erzählt. Das eine oder andere gibt Impulse. Und wenn es der ist, daß jemand seine Wandpaneele so montieren ließ, daß sie bei großen Festen herausgenommen und, auf Böcke gelegt, zu Tischplatten werden. Berichte über Möbel anderer Kulturen können gleichfalls Anregungen liefern. So das am Boden sitzend benutzbare Lesepult.

Sollte jemand aus dem Kollegen-, Bekannten-, Freundes- oder Verwandtenkreis eine ausgefallene Schreinertechnik beherrschen oder eine dem Schreinerhandwerk nahestehende, so lassen sich auch dadurch überaus interessante Möbelideen entwickeln: Bildeinrahmung, Bootsbau, Drechseln, Einlegetechniken, Holzspalten, Kaschieren, Korbflechten, Laserschneiden, Marketerie, Polsterei, Schnitzen, Vergolden, Wohnwagenausbau.

... in Ausstellungen von Fachhochschulen, Hochschulen und Akademien.
Wer nicht nur gestaltete handwerkliche Produkte anschauen will, der besuche Ausstellungen von Ausbildungseinrichtungen für Innenarchitekten, Architekten und Produktdesigner. Mit welchen Themen beschäftigen sich Studenten? Welche Möbelthemen werden dort gezeigt? Auf welche Gegenwartsdiskussionen wird dort eingegangen? Als Abfallsortiersysteme an den Hochschulen entwickelt wurden, hatten viele Handwerker das Problem noch nicht einmal erkannt. Die Termine für solche Ausstellungen werden zum Teil in der Tageszeitung bekanntgegeben oder lassen sich in den Studentensekretariaten erfragen.

... auf Präsentationen und Sonderausstellungen von Messen und Ausstellungen, die nicht direkt Möbel zeigen. Die Arbeiten der Landessieger der Gestaltungswettbewerbe für Gesellenstücke waren 1996 auf der Holzhandwerk in Nürnberg in einer Sonderausstellung zu sehen. Solche Sonderpräsentationen bieten hervorragende Vergleichsmöglichkeiten. Sie zeigen, was Gestaltung ist und was ein eher vordergründiger Gag.

Zu schauen, was die anderen machen, hat noch nie geschadet, und sich mit den Ergebnissen von Jurierungen auseinanderzusetzen schon gar nicht. Zudem vermitteln solche Ausstellungen auch Informationen über Möbeltypen, die häufig hergestellt werden. Sie müssen nicht noch einmal zum Vorbild werden, Abwechslung tut gut.

Während es von ständigen Ausstellungen Kataloge gibt, werden nur kurze Zeit präsentierte Ausstellungen häufig nicht vollständig dokumentiert. Da hilft nur eines: selbst skizzieren! Wer zeichnet, schaut genauer. Selbst dann, wenn die Proportionen nachher auf der Skizze nicht stimmen, ist dies eine gute Informationsquelle. Denn durch die Auseinandersetzung mit vorhandenen Ideen entwickelt man selbst neue.

16 Gesellenstücke

Gehen wir einmal entdecken…

Doppelseite aus dds – der deutsche schreiner

… **und lesen Fachzeitschriften.**
Sicherlich ist es am besten, Möbelentwürfe im Original zu studieren. Wer aber keine Gelegenheit hat, zu Ausstellungen zu reisen, dem bieten die Veröffentlichungen in Fachzeitschriften das Wesentliche in Kürze und per Bild. Jedes Gewerbe hat seine eigenen Fachzeitschriften. Für den Gestaltungsbereich bieten die Fachzeitschriften für Innenarchitekten, Architekten und Produktdesigner eine breite Informationsfülle.

… **oder blättern in Wohn- und Möbelmagazinen, aber auch in Sonderveröffentlichungen von Wochen- und Tageszeitungen.**
Jeden Monat erscheinen neue Ausgaben der Wohn- und Möbelmagazine. Mit hoher Verläßlichkeit berichten sie über neue Trends, geben Tips und Hilfestellungen. Sie wenden sich an die Verbraucher und spiegeln daher auch die Entwürfe wider, die gekauft werden; gezeigt werden aber auch Entwürfe, die Trendsetter werden könnten.

Wenn in den großen Wochenzeitungen Sonderveröffentlichungen zu Design und Wohnen erscheinen, sollten sie beachtet werden. Darin wird über die neuesten Trends und etablierte Gestaltungsautoritäten berichtet sowie über Highlights auf Ausstellungen und Messen. Solche Berichte können neue Anregungen liefern.

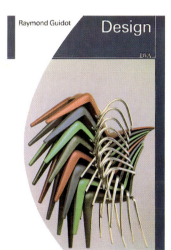

... und kaufen uns Literatur.
Sicher ist es am bequemsten, für den Entwurf einer Wandverkleidung auf ein Buch zu diesem Thema zurückzugreifen. Aber nicht immer läßt sich etwas direkt auf das Thema Gerichtetes finden.

Die tragfähigsten und innovativsten Ideen entstehen beim Selbststudium. Kopieren gilt sowieso nicht. Eine Dokumentation über griechische Wohnräume kann zu unkonventionellen eigenen Möbelentwürfen führen. Die Beschäftigung mit der Gestaltung von Meisterstücken hat schon manchem Gesellenstück zur Form verholfen.

Die Bücher können in allen Buchhandlungen gekauft werden. Denkbar ist aber auch, in die Bibliotheken von Design-Institutionen, Stadtgemeinden und Schulen zu gehen und sie sich dort auszuleihen. Dafür ist häufig viel Zeit erforderlich, das Blättern und Lesen in solchen Büchern verleitet zum Weiterlesen. Ehe man sich versieht, hat man sich an einem ganz anderen Gestaltungsthema festgelesen – aber Impulse aus unterschiedlichsten Richtungen können zu gelungenen Möbelentwürfen führen.

Mehr als nur Ideen
werden durch die Beschäftigung mit den unterschiedlichsten Bereichen gesammelt. Zugleich liefern sie auch Informationen über den derzeitigen Stand der Gestaltung. Zu welchen Themen wird heute gestaltet? Wie sehen die neuen Möbel aus? Welches sind heutige Anforderungen, denen neu entwickeltes Mobiliar gerecht werden muß?

Auf den eigenen Bereich übertragen, läßt sich eine »Ist-Analyse« durchführen und eine »Marktbeobachtung« erstellen. Eine Firma wird erst dann ein Produkt auf den Markt bringen, wenn es dafür Kunden gibt, es sich von Produkten der Mitbewerber unterscheidet und den derzeitigen Anforderungen gerecht wird. Alte Ideen werden zum Ladenhüter. In der Vorarbeit unterscheidet sich ein Gesellenstück gar nicht so wesentlich von der professionellen Produktentwicklung. Jeder Auszubildende will sicherlich ein zeitgemäßes (nicht zu verwechseln mit einem modisch-schrillen) Gesellenstück fertigen.

Ein Ideensammler

Für Unentschlossene: der Würfelkasten

Wer sich zu gar keinem Gesellenstückentwurf durchringen konnte, wer vor lauter Anregungen ganz ratlos ist, oder wer noch an gar keinen Entwurf gedacht hat, dem soll hier geholfen werden. In spätestens 15 Minuten haben auch Unentschlossene einen Gestaltungsimpuls. Durch Würfeln kann eine von 7776 Kombinationen ermittelt werden. Wer selbst noch ein bißchen variiert, hat die Wahl zwischen über 20 000 verschiedenen Möbeln.

Dem Würfelkasten liegt die Ideenfindungsmethode »Morphologischer Kasten« zugrunde. Dabei wurden für alle wesentlichen Möbelteile je sechs Lösungsmöglichkeiten zusammengestellt. Normalerweise werden beim morphologischen Kasten die Kombinationen durch freie Auswahl zusammengestellt. Bei der Abwandlung hier wird die Auswahl der Lösungsvariante für jedes Möbelteil durch Würfeln ermittelt. Man kann aber statt dessen auch Freunde bitten, eine Kombination festzulegen.

Alle erwürfelbaren Kombinationen können mit zieh- und drehbaren Elementen gebaut werden, wie die Prüfungsordnung es vorschreibt. Die Kombinationen ergeben kleinere Möbel. Wer es größer haben will – was aber für die Gesellenstücke keineswegs sein muß – kann sich einen individuellen Korpus zugrunde legen.

Meist ist die Materialwahl offen gelassen. Ganz bewußt, denn mit den eigenen Fertigungskenntnissen läßt sich schnell erkennen, zu welcher Form und Konstruktion welche Materialien passen. Genausowenig ist die Oberflächentechnik vorgeschrieben. Von deckend klarlackiert bis zu gewachst ist vieles möglich und erweitert die Kombinationen des Würfelkastens enorm.

Und so wird es gemacht:
Benötigt werden ein Würfel, Transparentpapier und ein Bleistift.
Durch den ersten Wurf ergibt sich die Auswahl für den Oberboden, sodann die für das Korpusformat, anschließend die für die Front und so weiter. Jede gewürfelte Zahl sollte man notieren. Gibt es für alle Möbelteile eine Lösungsvariante, so legt man Transparentpapier über die gewürfelte Variante für den Korpus, dann den Oberboden, dann die Front etc. Es entsteht die gewürfelte Auswahl. Nachdem die Korpusbreiten und Höhen variieren und nicht zu allen Kombinationsvarianten passen, muß manches Möbelteil zeichnerisch im Maß geändert werden. Das dürfte Jungschreinern nicht allzu schwer fallen, nachdem sie in der Schule zeichnen gelernt haben.

Am besten würfelt man dreimal. Dadurch ergibt sich eine kleine Auswahl, die netteste Kombination könnte das Gesellenstück werden.

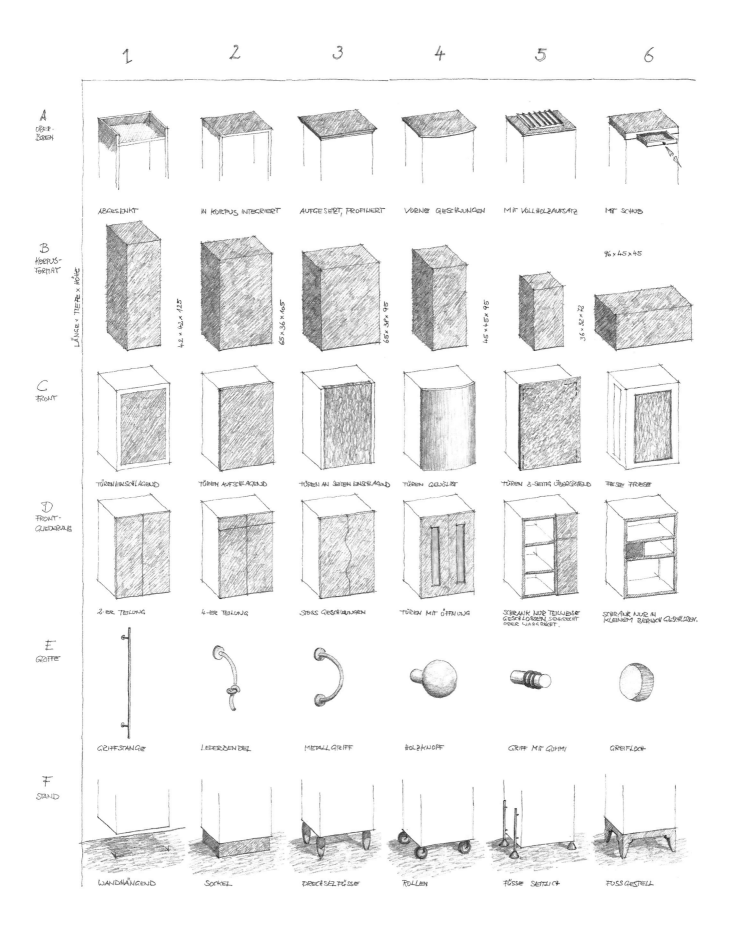

Für Unentschlossene: der Würfelkasten

Um auszuprobieren, welche Möglichkeiten der Würfelkasten birgt, wurde schon mal probegewürfelt. Einige der Ergebnisse folgen hier in Form von Skizzen. Darunter sind immer die gewürfelten Varianten notiert.

Ein paar Besonderheiten zeigten sich:

A5, B2, C1, D5, E4, F5

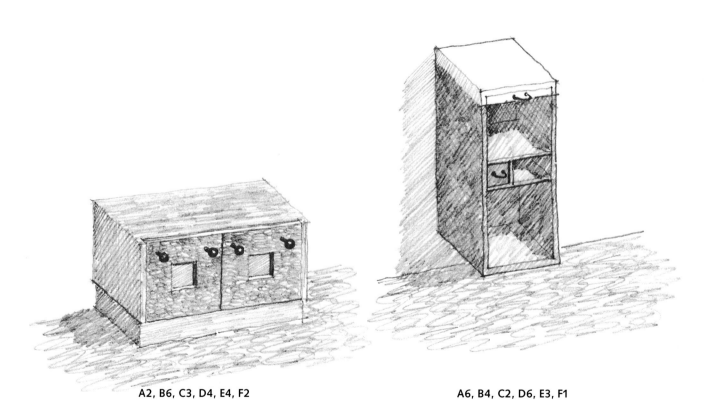

A2, B6, C3, D4, E4, F2

A6, B4, C2, D6, E3, F1

46 Für Unentschlossene: der Würfelkasten

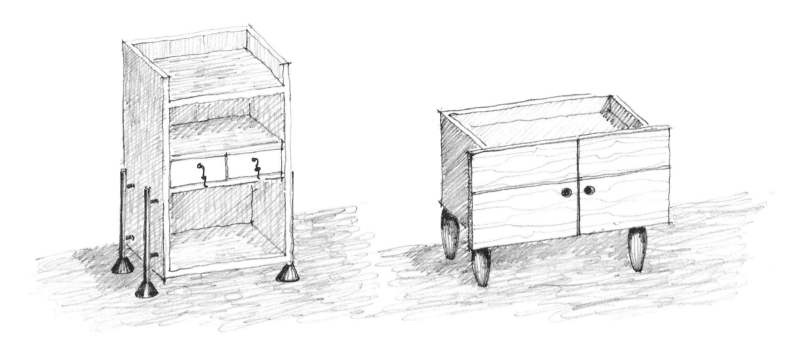

A1, B3, C1, D6, E2, F5

A1, B6, C5, D2, E6, F3

A4, B2, C3, D3, E1, F6

Für Unentschlossene: der Würfelkasten

Wem die untergeschobenen Drechselfüße nicht gefallen und wer es lieber etwas ausgefallener will, der kann die Drechselfüße auch in der Ecke einbauen und in den Korpusbereich hochziehen. Damit ergibt sich für den unteren Bereich eine Stollenkonstruktion.

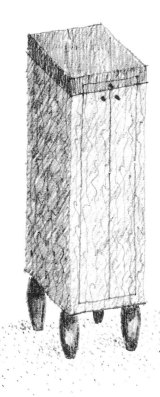
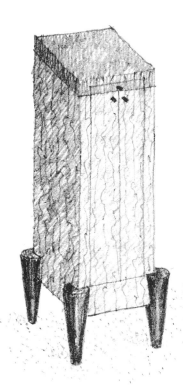

Wie unterschiedlich Möbel wirken können, obwohl nur eine Komponente variiert wurde – und zwar das Korpusformat – zeigt dieses Beispiel.

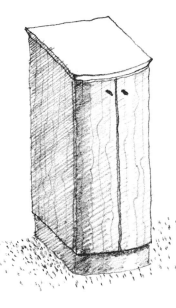
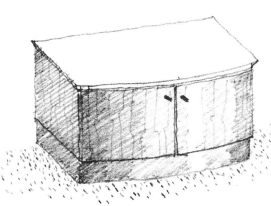

Bei dieser Kombination wurde der zurückspringende Sockel durch einen korpusbündigen und höheren ersetzt. Das Möbel erinnert an eine Säule.

Bei diesem Beispiel wurden die Metallbeine verlängert, das Möbel ist nun bequem im Stehen zu bedienen. Zudem erhielten die Stangen andere Füße.

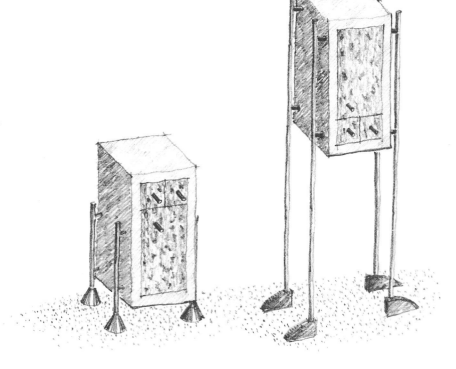

Für Unentschlossene: der Würfelkasten

Die fünf Kombinationen haben alle den gleichen Korpus in kleinen maßlichen Veränderungen als Ausgangselement: Immer ist die Korpushöhe 125 cm. Wer sich die Farben der Materialien dazudenken kann, erahnt, welche stilistische Vielfalt sich hier bietet. Sie reicht vom farbig lackierten, jungen Korpus über ein Möbel in z. B. Multiplex bis hin zur klassischen Rahmenkonstruktion mit sichtbaren Eckverbindungen.

A1, B1, C4, D1, E6, F5

A5, B1, C6, D2, E3, F6

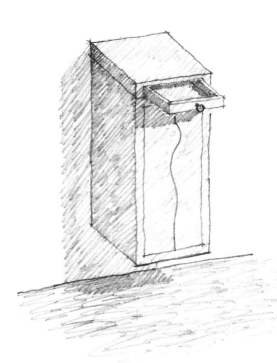

A6, B1, C1, D3, E4, F1

A3, B1, C2, D5, E5, F4

A2, B1, C2, D4, E2, F3

50   Für Unentschlossene: der Würfelkasten

Entwerfen: Ideen bearbeiten

Entwurfseinflüsse

Zwischen der Entwurfsidee und der Realisierung des Möbels liegen viele Arbeitsschritte. Zunächst gilt es, die Entwurfsidee auf mögliche Unvollständigkeiten und Widersprüchlichkeiten hin zu untersuchen. Die Idee wird durchgearbeitet und unter verschiedenen Gesichtspunkten optimiert.

Die wichtigsten Aspekte sind:

- Entwerfer
- Benutzer
- Gegenstände, Möbelinhalt
- Produktumfeld
- Gestalterische Ordnung
- Ökologie
- Materialien
- Konstruktionen
- Oberflächengestaltungen
- Fertigungsmöglichkeiten

Die gefundene Idee wird sich dabei verändern.

Entwerfer:

Im Fall der Gesellenstücke werden in der Regel Entwerfer und Benutzer dieselben sein. Normalerweise aber gibt es eine Trennung, und für den Entwurf sollte man sich auf den späteren Nutzer einstimmen. Das heißt aber noch lange nicht, daß man als Entwerfer zum Gestaltungschamäleon werden muß. Gute Entwerfer haben ihre persönliche Entwurfshaltung, ihre »Handschrift«, entwickelt, können aber dennoch über den Schatten springen und auf andere Vorstellungen gestalterisch eingehen.

Die Handschrift der Entwerfer sollte zum Ausdruck gebracht werden: das heißt, einem Gesellenstück sollte anzusehen sein, daß es von einem jungen Menschen entworfen wurde. Innerhalb einer Generation existieren viele Einstellungen nebeneinander. Ob die Entwürfe dies immer widerspiegeln? Graffiti als eine Ausdrucksform einer Generation?

- Wer mit dem Knopf im Ohr per Interrail durch die Welt reist und großen Wert auf Unabhängigkeit legt, mit Freunden die Nacht durchfeiert und stundenlang über Musikrichtungen disputiert, dessen Entwurf wird anders aussehen als der von jemandem,
- der hinter alle Konventionen zunächst ein Fragezeichen setzt, sich mit alternativen Stromerzeugungen beschäftigt, für den ein Baum mehr ist als ein Grünzeugträger und der in vielerlei Richtungen Gleichgesinnte weiß. Dieser wird sich wiederum etwas anderes ausdenken als derjenige,
- der leidenschaftlich mit Säge und PC tüftelt, weil er nie zufrieden ist mit seinem Perfektionsgrad, den die hochkomplizierten Fertigungstechniken von heute faszinieren, weil er sie morgen einsetzen will und davon ausgeht, daß Möbelbau mehr ist als Kisten nageln.

Da die Lebenswelten unterschiedlich sind, können die Wäscheschränke nicht gleich aussehen. Weder in der Anmutung noch in der funktionalen Ausformung. Andere Lebenseinstellungen führen zu anderen Möbelformen, z.B. die Stehsäule zum Frühstükken. Wer mit dem Computer spielt, denkt nicht zuerst an den Schreibmaschinentisch.

Was tun?

Vor dem Entwerfen kann man ruhig einmal zusammentragen, welche Motive und Designs einem besonders gefallen, welche Landschaften – um deren Farbstimmungen auf den Entwurf zu übertragen –, welche Freizeitaktivitäten mit welchen formalen Erscheinungen verbunden sind. Wer sein Leben knallbunt mag, wird sich hoffentlich kein Trauermöbel ausdenken, und wer besinnlich lebt, keine Kirmesvitrine.

**Graffitis
Haltestelle
Stuttgart-
Sommerrain**

Entwurfseinflüsse

Benutzer:

Maße

Seine Körpergröße kennt jeder, seine Schuhgröße auch. Aber bis zu welcher Höhe er greifen kann, wie breit er ist, wenn er die Arme ausstreckt und in welcher Höhe die Steharbeitsplatte sein sollte, weiß er nicht. Das alles sind Informationen, die zum Entwerfen benötigt werden und zuerst mit dem Meterstab ermittelt werden sollten. Wie müssen Griffe ausgeformt sein, um die Türen sicher bedienen zu können? Solches Wissen ist in Büchern der Ergonomie zusammengestellt.

Die Ergonomie beschäftigt sich unter anderem mit Maßsystemen für Menschen. Danach ist die Augenhöhe des stehenden Mannes ca. 165 cm, die der Frau ca. 7 cm niedriger. Bei sitzenden Personen beträgt die Augenhöhe ca. 120 cm. Der Greifraum je Arm liegt bei ca. 70 cm. Um einen mehr als 140 cm breiten Schreibtisch über die ganze Fläche bedienen zu können, müssen sich Sitzende auf jeden Fall bewegen.

Steharbeitsplätze für Männer, die normalschwer daran arbeiten wollen, liegen in der Höhe bei 90 bis 95 cm, bei Frauen bei 85 bis 90 cm. Für leichte Arbeiten, wie Formulare ausfüllen, können 10 bis 15 cm dazugegeben werden.

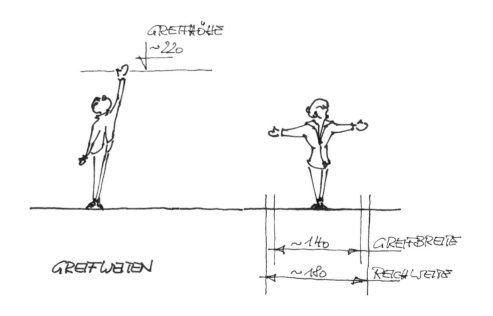

ARBEITSHÖHEN

Was tun?
Die Menschen sind unterschiedlich groß, und sie haben zusätzlich unterschiedlich proportionierte Körper. Mit Durchschnittsmaßen muß bei Massenprodukten gerechnet werden – bei individuell gefertigten Möbeln kann auf das Körpermaß der Nutzer eingegangen werden. Beim Entwerfen für ein Gesellenstück sollten die Höhen und Abmessungen am besten an originalgroßen Pappmodellen ausprobiert werden.

Sicherheitsanforderung
Jeder Benutzer geht davon aus, daß das Möbel ihn nicht bedroht oder verletzt. Und doch bleibt er an irgendeiner Kante hängen oder reißt sich an einer Ecke auf. Auch unachtsamer Gebrauch darf nicht zu Schäden führen, genausowenig wie ein leichtes Überladen des Schrankes zum Zusammenbruch. Ein Regal, das von der Wand fällt, kann jemanden verletzen und zu finanziellen Forderungen gegenüber der Schreinerei führen. Sicherheit ist ein Gestaltungsaspekt.

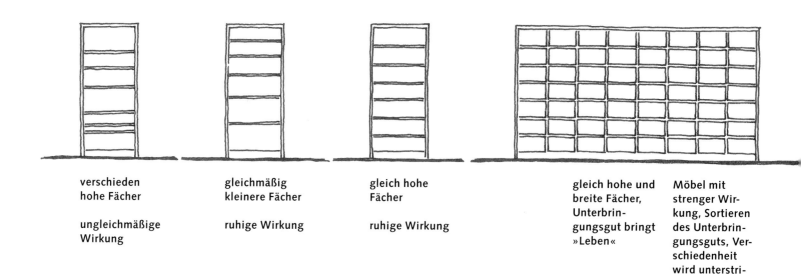

| verschieden hohe Fächer | gleichmäßig kleinere Fächer | gleich hohe Fächer | gleich hohe und breite Fächer, Unterbringungsgut bringt »Leben« | Möbel mit strenger Wirkung, Sortieren des Unterbringungsguts, Verschiedenheit wird unterstrichen |

ungleichmäßige Wirkung — ruhige Wirkung — ruhige Wirkung

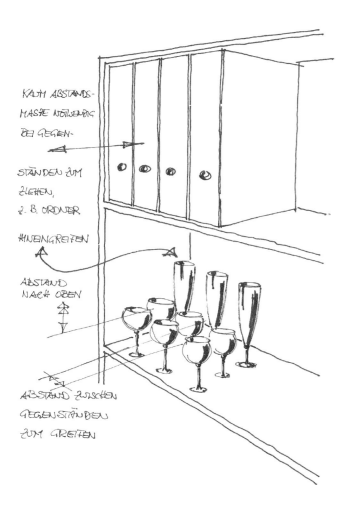

Gegenstände, Möbelinhalt:

Maße

In einen Bücherschrank sollen Bücher passen – bleibt die Frage, wie groß die Bücher sind. Da sie verschieden hoch sind, empfiehlt es sich, sie zu messen. Im Zweifelsfall muß die Fachbodenhöhe nach dem höchsten Buch ausgerichtet werden, und das können bei Bildbänden 34 cm sein.

Bei Aktenordnern ist es einfacher, sie sind genormt und 32 cm hoch. Die platzökonomischste Planung für Aktenregale geht in der Höhe von diesem Grundmaß zuzüglich einem kleinen Abstandsmaß und der Fachbodenstärke aus. Multipliziert man dieses Gesamtmaß mit der gewünschten Fachbodenzahl, ergibt sich zusammen mit dem Oberboden und dem Sockel die Gesamtschrankhöhe. Durchgehende Fachböden in gleichmäßigem Höhenabstand können zur Gestaltungsregel erklärt werden.

Für viele andere Unterbringungsobjekte ist das nicht so einfach wie bei Büchern und Ordnern, die am Rücken herausgezogen werden können. Tellerstapel zum Beispiel haben ein großes Gewicht und wollen sicher gegriffen sein. Um hier den Platzbedarf auszurechnen, muß noch das Bedienungsmaß hinzuaddiert werden, auch in der Höhe, um schräg von oben greifen zu können. Für das lichte Maß zwischen den Fachböden könnte das höchste Serviceteil, in der Regel die Kaffeekanne zuzüglich Bedienungsmaß, angenommen werden.

Was tun?

Wenn die ersten Ideenskizzen in eine Fertigungszeichnung umgearbeitet werden, empfiehlt sich zunächst eine Checkliste: Was soll alles in welchem Möbelbereich untergebracht und aufgestellt werden? Wieviele Objekte sind es? Welches Schrankvolumen ist nötig? Am besten werden alle Gegenstände originalgetreu aufgebaut und mit dem Meterstab gemessen.

Technische Geräte:

Auch technische Geräte wie CD-Player muß man genau messen. Bevor sie paßgenau eingebaut werden, sind die Anschlüsse zu prüfen. Wie bedient man die hinteren Anschlüsse? Wie kann das Gerät herausgenommen werden – eventuell ist auch hier ein Greifraum notwendig. Was passiert, wenn das vorhandene Gerät durch ein neues ersetzt oder vorhandene Geräte durch weitere ergänzt werden? Das schöne Maßsystem des Schrankes kann dann bald nicht mehr ausreichen. Es empfiehlt sich, veränderbare Inneneinteilungen und steckbare Paßblenden einzubauen.

Es ist auch zu beachten, wie und wo Kabel geführt werden. Durch Kabelkanäle und Bohrungen hindurch müssen mehrere Kabel und Stecker zuzüglich Finger der Hand passen. Diese Kabelbereiche sollten besser etwas überdimensioniert werden, denn mit der Zeit kommen meist weitere Kabel dazu, und dann wird es schnell eng.

Elektrische Geräte entwickeln Wärme. Diese muß abgeführt werden. Durch den Korpus muß ein Luftstrom führen, ob durch Rückwand, Böden oder Front ist eine Gestaltungsfrage. Die Lüftungsöffnungen können durchaus Dekorcharakter haben.

Präsentationsobjekte:

Wer eine Schmuckvitrine baut, kann leicht Schwierigkeiten bekommen. Für Ringe ist wenig Platz nötig. Damit der Ring aber überhaupt zur Geltung kommen kann, braucht er im Verhältnis einen großen Freiraum. Häufig verschwinden Ausstellungsgüter hinter breiten Rahmenkonstruktionen. Feine Profilabmessungen und blickorientierte Bauweise sind sehr viel günstiger.

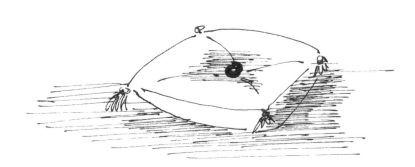

Der Ring selbst braucht wenig Platz; damit er aber seine Wirkung entfalten kann, sehr viel Freiraum. Das Kissen als Symbol.

Produktumfeld

Raumatmosphäre

Wer ein Bauteil, sei es Fenster, Tür, Durchreiche oder ähnliches, entwickelt, setzt sich zwangsweise direkt mit dem Raum als Architektur auseinander. Wer ein Möbel entwirft, dem mag der Bezug zum Raum zunächst gleichgültig sein. Da der spätere Aufstellungsort von Gesellenstücken häufig schon bei Planungsbeginn bekannt ist, kann die Architektur des Raums oder seine spezielle Atmosphäre bereits beim Entwurf berücksichtigt werden.

Viele Räume sind stilistisch wandelbar. Räume mit einer ausgeprägten Architektur, mit Festeinbauten oder mit dauerhaft zugeordnetem Mobiliar können eine solche Wirkung ausstrahlen, daß der Möbelentwurf darauf eingehen sollte. Je nach Situation können sogar Ordnungs- oder Stilelemente aufgegriffen oder bewußt kontrastiert werden.

Was tun?

Der zur Verfügung stehende Raum weist vielleicht eine markante Höhengliederung durch waagerechte Profile oder Tapetenabschlüsse auf. Solche Linien können durchaus eine Vorgabe für die Möbelhöhe sein. Ist der Raum mit einer Verkleidung in Rahmenbau versehen, dann könnte das Möbel auch in Rahmenbau, aber in anderem Maßraster und in einer anderen Farbbeizung entwickelt werden. Mit Kontrasten alt – neu, hell – dunkel oder sachlich klar – romantisch verspielt können interessante Gestaltungen erarbeitet werden.

Wer es eher mit einem stilistisch neutralen Raum zu tun hat, kann sich auch überlegen, welche Vorhang- oder Tapetenkollektionen zu dem von ihm erdachten Entwurf passen. Wessen Raum mit Parkett und Holzdecke ausgekleidet ist, der wird nicht unbedingt mit einer ausschließlichen Holzfassade eine optimale Wirkung erzielen.

Maße

Wer den späteren Raum kennt, kann mit der Dimensionierung des Möbels darauf reagieren: schmal und hoch, niedrig und breit, klare strenge Außenform oder fein unterteilte Fassade mit zarten Vor- und Rücksprüngen. Bei niedrigen Raumhöhen reicht das Möbel eventuell bis zur Decke. In anderen Fällen fügt es sich in eine Nische ein oder umbaut einen Vorsprung.

Licht

Ist der Raum sonnendurchflutet, kann das Objekt fein nuanciert in der Farbgebung sein – dazu gehört auch die Auswahl der Holzfarben. Ist der Raum von einem großen Baum vor dem Fenster ständig beschattet, bietet sich vielleicht eher ein hell-fröhliches Möbel an. Kommt bei dem Raum das Licht überwiegend aus einer Richtung, werden auch zarte Vor- und Rücksprünge oder feine Kantenprofilierungen am Möbel gut erkennbar sein. Tageslicht verfärbt – kommt es nur aus einer Richtung, kann das Möbel bald zweigesichtig sein. Ist der Raum gleichmäßig ausgeleuchtet, ist die Schattenwirkung nicht ganz so ausgeprägt, und körperhafte Modellierungen sind nicht so stark zu erkennen. In solchen Fällen mag ein kräftigeres Farbspiel wirkungsvoller sein.

Außer dem Tageslicht beeinflußt die elektrische Beleuchtung die Wirkung eines Möbelstücks.

Klima

Jeder Raum hat sein Klima: wechselvoll neben der Hauseingangstür oder im Wintergarten, eher ausgeglichen und trocken im Wohnraum. Je nach Klima scheiden manche Materialien und Konstruktionen aus. Die Einschränkungen werden größer, je höher die Luftfeuchtigkeit oder gar der Einfluß chemischer Mittel ist, wie in Laborräumen.

Gestalterische Ordnung

Die Gesamtform und das Detail

Schon manches Möbel ist einem Zuviel an Gestaltungselementen erlegen: Hier ein visuelles Bonbon, dort noch eins, dazu ein Akzent, der aber vom danebenliegenden gar noch übertroffen wird. Lieber sollte man nur eine gestalterische Dominante wählen, die sich dann behaupten kann.

Gestaltung lebt auch vom Detail. Wie ist die Kante ausgebildet, nur gefast oder mit leichter Kehle? Wie treffen solche Kanten an der Ecke aufeinander? Wie sind die Eckverbindungen der Korpusse ausgeführt? So, daß sich sichtbare Konstruktionsmerkmale in die Gestaltung einordnen oder wirken sie als Fremdkörper? Feinheit im Detail fasziniert länger als ein Gag in der Form und ist Bestandteil guter Gestaltung. So kann ein fein durchgearbeiteter »rechteckiger Kasten« über Jahre mehr Ausstrahlung haben als ein sphärisches Unikum, zudem ist er günstiger. Hier hilft Gestaltung sparen.

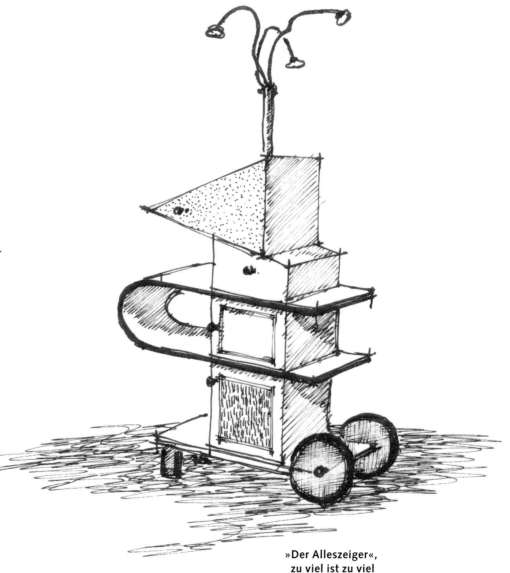

»Der Alleszeiger«, zu viel ist zu viel

Entwurfseinflüsse

Proportionen

Der »Goldene Schnitt« ist nur eine der Methoden, Proportionen zu entwickeln. Er setzt zwei Längen in ein harmonisches Verhältnis. Nicht immer aber ist so viel Harmonie von Vorteil. Um sich die gesamten Möbelmaße in Proportionen zu erarbeiten, gibt es noch andere Möglichkeiten, z. B. läßt sich das ganze Möbel als aus Würfeln zusammengesetzt denken. Jedes Außenmaß ergibt sich aus dem Vielfachen der Kantenlänge eines Grundwürfels von vielleicht zugrundegelegten 30 mm. Oder das Grundmaß ist ein Quader. Backsteingebäude legen ein beredtes Zeugnis dieses Maßsystems ab. Alte japanische Häuser bauten auf einer Mattengröße auf, die Maße der Räume waren jeweils ein Vielfaches davon. Flächenaufteilungen lassen sich bei solchen Grundrastern einfach bestimmen.

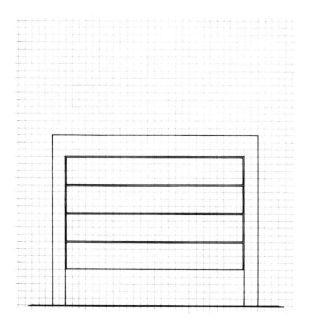

quadratischer
Raster 30 × 30 mm

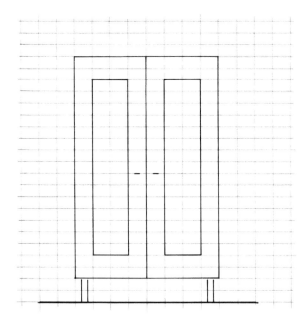

rechteckiger
Raster 16 × 10 mm

60 Entwurfseinflüsse

Kontraste

Mit Kontrasten lassen sich Spannungen in das Objekt bringen. Ein rechteckiger, gerader und glatter Körper mag demnach eine geschwungene, gar wellenförmige Front erhalten. In einer ebenen, sauber geschliffenen Fläche ruht ein rauh belassener Flächenbereich, eine helle Fläche wird von einer dunklen Linie durchschnitten. Aber auch hier ist ein Zuviel an Kontrasten ungünstig. Lieber ein Kontrastpaar festlegen und konsequent durcharbeiten als viele Kontraste, die sich in ihrer Wirkung gegenseitig übertönen. Je strenger und einfacher eine Ordnung ist, um so eher erhält sie durch einen Kontrast eine gestalterische Spannung.

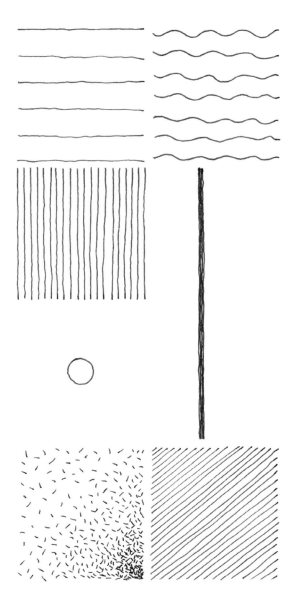

GERADE	GEWELLT
WAAGERECHT	DÜNN
SENKRECHT	DICK
KURZ LANG	
VIELE	
WENIG	
UMRANDET	GEFÜLLT
ZENTRAL	SENKRECHT
UNGERICHTET	SCHRÄG
UNGLEICHMÄSSIG	GLEICHMÄSSIG

Entwurfseinflüsse

Ökologie

Seit Jahren gibt es Betriebe, die sich voll und ganz einer ökologisch ausgerichteten Produktion verschrieben haben. Aus dieser Haltung hat sich eine speziell ausgerichtete Formensprache entwickelt. Eine ökologische Grundorientierung ist in breitem Maße bei vielen Schreinerbetrieben zu beobachten. Bis hin zur Gesetzgebung spiegelt sich allerorten ein gewandeltes gesellschaftliches Bewußtsein wider. Eine bewußte Gestaltung reflektiert ökologische Gesichtspunkte. Mancher Aspekt kann darüber hinaus zu einem überaus charakteristischen Möbel und Bauteil führen.

Materialien:
Für Vollholz kommt vorzugsweise solches aus der regionalen Forstwirtschaft in Frage, auf jeden Fall sollte es aus nachhaltigem Anbau stammen. Bei Holzwerkstoffplatten muß Ware gewählt werden, die die gesetzlich festgelegten Formaldehyd-Grenzwerte möglichst weit unterschreitet. Wer auf PVC verzichtet, hat einen entscheidenden Schritt getan, PVC-Verbundwerkstoffe wird er gänzlich vermeiden.

Der feste Verbund von Materialien ist vor dem Hintergrund einer späteren sortenreinen Entsorgung problematisch. War in manchem Jahrzehnt das Möbel nur für den momentanen Gebrauch entwickelt worden, so schließt das Umdenken eine spätere breitere Nutzung, Umnutzung, ein und berücksichtigt auch die Entsorgung. Natürlich sollte ein Möbel und Bauteil für eine möglichst lange Nutzungszeit gebaut werden. Doch wie lang diese Zeit auch ist, irgendwann steht die Entsorgung an. Können manche Werkstoffe wie Metall oder bedingt auch Vollholz in einen neuen Kreislauf eingebracht werden, so bleibt bei anderen Materialien nur die thermische Verwertung. Eine zerlegbare Konstruktion und eine Trennung nach Materialien erlaubt dann ein möglichst differenziertes Vorgehen. Sind für Batterien, Kunststoff und Glas Rücknahmesysteme bereits verbreitet, so hat sich auch schon manche Schreinerei zur Rücknahme verpflichtet und sichert sich so Wettbewerbsvorteile. Selbst die Überlegung, reparierbare Möbel und Bauteile zu entwickeln, kann zu speziellen Gestaltungsimpulsen führen.

Konstruktion:
Die Konstruktion der Möbel und Bauteile sollte langzeitorientiert sein. Dies bedingt eine solide Dimensionierung der Teile. Andererseits führt ein Überdimensionieren der Teile zu einem verschwenderischen Umgang mit Rohstoffen. Besonders bei den vielen nichttragenden Möbelteilen sollte eine zarte Dimensionierung angestrebt werden.

Oberflächen:
Für die Oberflächenbeschichtung empfehlen sich möglichst lösungsmittelarme, wenn nicht gar -freie Systeme. SH- und NC-Lacke scheiden aus. Für besonders zu schützende Flächen müssen eventuell andere, geeignetere Materialien wie Glas eingesetzt werden.

Was tun?
Der regionale Bezug des Holzes begründet sich für den Betrieb nicht nur ökologisch, sondern auch unter Marketinggesichtspunkten: Auch der Kunde könnte den Baum schon gesehen haben. Außerdem werden enorme Transportwege gespart. Für das Gesellenstück wurde schon hin und wieder ein Baum aus Großelterns Garten verwendet. Mag daraus vielleicht nur ein kleines Möbel entstehen, einen hohen emotionalen Bezug wird es haben.

Viele Obstbäume bieten nicht die idealen Voraussetzungen für Möbel. Der aufgeschnittene Stamm zeigt »Holzfehler«, Verwachsungen, Astigkeiten, Verfärbungen, Einschlüsse. Wie aus »Holzfehlern« visuell interessante Motive werden können, wurde für Furnier schon mehrfach erarbeitet.

Wer Verfärbungen oder andere »Fehler« in eine gestalterische Ordnung integriert, entwickelt ein überaus interessantes Gestaltungsmoment: Denkbar wäre, einen großen dominanten Fehler in die Symmetrieachse zu legen, kleine und sich wiederholende Fehler können so angeordnet werden, daß sie sich in regelmäßigen Abständen wiederholen und zu einem Rastermotiv werden.

Wer Trendhölzer einsetzt, muß einen höheren Preis akzeptieren. Viele wollen dasselbe – es gibt zu wenig, die Preise steigen. Umgekehrt könnte es überaus interessant werden. Gehen Sie doch mal auf die Suche nach Holzarten, die angeblich heute keiner will. Eine selten gesehene Maserung steigert den Reiz des Möbels – kann geradezu zu bestimmten Gestaltungen herausfordern. Platane könnte so eine Holzart sein.

Dieser Schrank hat Türen auf der Vorder- und Rückseite. Seine Inneneinrichtung wurde speziell für Rollstuhlfahrer entwickelt. Mit der Idee, einfach wirkendem Furnier durch Einlegeteile einen gestalterisch interessanten Effekt zu geben, war er einer der Preisträger beim Furnierwettbewerb. Er wurde 1994 auf der Kölner Möbelmesse ausgestellt.

Entwurfseinflüsse

Materialien

Mit der Wahl der Materialien, vordergründig mit den nachher sichtbaren, beeinflussen wir die Gestaltung der Objekte. Die Materialwahl ergibt sich aber auch durch die Konstruktion und die Funktionsanforderungen an das Möbel. Mögliche Zwänge mögen zunächst als Einschränkungen für die Gestaltung erscheinen. Den zur Verfügung stehenden Freiraum aber gilt es zu nutzen, manche Einschränkung führt zur Suche nach unkonventionellen Lösungen.

Die Beziehung zwischen Material und Gestaltung wird – was den Entwurf betrifft – bei umgekehrter Fragestellung noch viel interessanter: Welche Gestaltungsspielräume bieten welche Materialien? Charakteristische Gestaltungsbedingungen und einige Freiräume sollen an ausgewählten Beispielen erläutert werden.

Flachpreßplatten

Die Flachpreßplatten treten selbst gar nicht in Erscheinung, müssen sie doch überlackiert, furniert oder sonstwie belegt werden. Kanten können nicht sichtbar bleiben und werden mit Folien oder Holzleisten belegt. Ist die Platte auch rundherum eingepackt, prägt und prägte sie mit ihrer flächigen Charakteristik ganze Möbelgenerationen. Geschlossene Flächen könnten zwar vom Material her durch Ausschnitte und Ausfräsungen geöffnet werden, gleichwohl, hier bestimmt die Biegsamkeit und die Aufbringtechnik der Kantenmaterialien die Gestaltung. Für den Plattenbau ohne große Unregelmäßigkeiten ist die Platte hervorragend geeignet.

Multiplex

Auch Multiplex führt zu einem plattenhaften Erscheinungsbild von Möbeln. Hier können Ausfräsungen beliebiger Art an der Außenkante und in der Fläche eingebracht werden – denn mit dem Aussehen der Kante kann man sich anfreunden, und stabil genug ist sie auch. Auch bei Einfräsungen, Nuten oder Kerben werden die Materialschichten sichtbar – dies ist nicht jedermanns Sache, wird aber von vielen akzeptiert. Dank ihrer hohen Stabilität kann Multiplex auch in hochbelasteten Bereichen eingesetzt werden. Der Schichtaufbau vermittelt noch etwas vom Holzcharme, wirkt aber zugleich sachlich-technisch. Aufgrund dieser Ambivalenz kann das Material gut mit unterschiedlichsten Werkstoffen kombiniert werden: Vollholz, Blechen, Metallrohren und -profilen, Kunststoffen.

Jedes Material stellt eigene Anforderungen an die Verarbeitung. Mit den speziellen Verarbeitungsmöglichkeiten kann man jedem Möbel ein besonderes Aussehen verleihen.

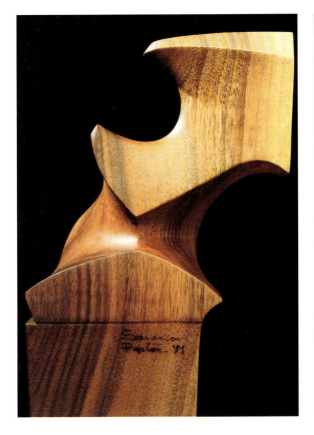 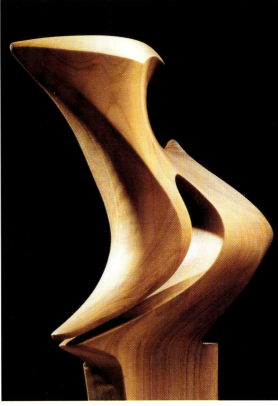

An Hölzern, durch die die Riemen venezianischer Gondeln geführt werden, zeigen sich besonders schön die Durcharbeitungsmöglichkeiten von Vollholz. Ihre Form spiegelt ihre Funktion, nämlich den Bewegungsablauf des Gondolieres.

Dreischichtplatten

Eigentlich sind sie noch recht jung, zumindest was ihre breite Akzeptanz anbelangt, die sie nunmehr genießen. Sie können wie Vollholz behandelt werden, durch ihren Aufbau kommen noch einige Vorzüge von Holzwerkstoffen hinzu. An den Kanten ist der Schichtaufbau abzulesen – kaum jemand stört sich daran, und so kann er sichtbar bleiben. Durch die recht dicken Einzelschichten sind flache Einfräsungen möglich, die wie im Vollholz aussehen, dennoch schon funktionale Aufgaben – wie Bleistiftnuten – übernehmen können. Eine modellierte Oberfläche ist denkbar. Heute wird häufig eine, wenngleich geringe, plastische Wirkung durch breite Fräsungen im Kantenbereich erzeugt.

Vollholz

Holz arbeitet und verlangt daher bestimmte Konstruktionen, wie beim Brettbau die Gratleiste. Verarbeitungstechnisch sind plane, flächige Möbel machbar, gleichermaßen aber auch kompliziertere mit Schwüngen, Wellen, Wölbungen und mehr. Besonders die Durchgängigkeit des Materials erlaubt es, in die dritte Dimension zu gehen. Dies kann sich in der Bearbeitung der Fläche ausdrücken, in früheren Zeiten durch Zierkehlen, Schnitzereien oder plastische Elemente in der Außenhaut des Möbels, wie Vor- und Rücksprüngen. Auch schmal dimensionierte Möbelteile, bis hin zu skulpturalen Körpern sind möglich. Hierfür sind jedoch erhebliche Vorkenntnisse nötig. Je weiter sich die Gestaltung von den geometrischen Grundkörpern wie Würfel, Quader, Kugel und Zylinder entfernt, um so mehr Erfahrung und Schulung sind notwendig.

Entwurfseinflüsse

Konstruktionen

Der eine empfindet sichtbare Eckverbindungen an Korpussen als Ausdruck höchster handwerklicher Ehrlichkeit, der andere kann sichtbare Verbindungen nur an Schubladenkorpussen ertragen. Das kleine Beispiel zeigt, daß Konstruktion und Gestaltung einander bedingen.

Bei Vollholz können sich Gestalter zwischen Brettbau, Rahmenbau, Stollenbau und einigen Modifizierungen entscheiden. Die Nutzung als Wäscheschrank ist immer denkbar, das Aussehen jedoch ändert sich gewaltig. Darüber hinaus kann auf die Dimensionierung der konstruktiven Teile Einfluß genommen werden. Die Rahmen können breit oder schmal sein, die Stollen blockig oder unterschiedlich in der Höhe.

Bei den Holzwerkstoffen ist der Plattenbau charakteristisch: Ebene Flächen stoßen aufeinander. Dieses Aufeinandertreffen muß nicht immer rechtwinklig sein, und die Flächen können sich zumindest in einer Richtung auch wölben (bei Vollholz sogar in zwei – sphärisch verformte Flächen sind machbar!). Feine Dimensionierungen sind kaum eine Stärke der Plattenwerkstoffe, für Stäbe sind Metall- oder Vollholzprofile besser geeignet, was gestalterisch zu Möbeln mit Materialkombinationen führt.

Die einmal gewählte Konstruktionsart sollte für alle Teile des Möbels beibehalten werden. Wer Schubladen in ein Rahmenbaumöbel einbringen will, hat daher mit anderen Gesetzmäßigkeiten zu kämpfen als derjenige, der sein Möbel im Plattenbau fertigt. Durch Weglassen einiger Füllungen kann schnell eine Luftigkeit erreicht werden oder durch Wechseln des Füllungsmaterials ein spannender neuer Werkstoffkontrast.

Rostige Bleche in Edelholzrahmen sind nicht jedermanns Sache, Fliegengitter in Ahorn aber u. U. eine Kombination, die Luftzirkulation für Hi-Fi-Möbel sichert. Wer in seine Rahmen ein Weidengeflecht einsetzt, hat eine nicht alltägliche Kombination gewählt. Bei Plattenbau ist dies schwerlich möglich. Hier ist es aber um so leichter, über Farblackierungen, über Dessins, durch Zusammensetzen von Deckmaterialien oder durch Aufkleben von ungewohnten Materialien Wirkungen zu erzielen. Furnier kann zum Umkleiden von Plattenwerkstoffen ebenso gewählt werden wie Metallfolie, Stoff, Leder und vieles mehr, bis hin zu Tapete und Packpapier; Schichtstoffplatten leben von ihrer Papierschicht.

Was tun?

Es sollte vorher geprüft werden, was bisher verwirklicht wurde und welche Ausnahmen es gibt. Gestaltung lebt auch von Besonderheiten und nicht zuletzt von der ungewöhnlichen Kombination. Schokolade und Waffeln waren schon lange bekannt, die schöpferische Leistung aber bestand darin, Schokolade auf die Waffel fließen zu lassen. Wer nun noch eine Nougatfüllung einbringt, hat schon fast einen marktfähigen Riegel. So ähnlich ist das bei Möbeln, Konstruktionen und Materialien auch. Wer zusammenbringt, was sich technisch verträgt, aber noch nicht gewohnterweise kombiniert wird, hat einen Marktvorsprung.

Oberflächengestaltungen

Finish

Die Hochglanzlackierung eines Flügels ist der Inbegriff von Perfektion: kein einlackiertes Staubkörnchen, keine Blase, kein Tröpfchen – nur einfach schwarz und gleichmäßig glänzend. Schon von der technischen Einrichtung her dürfte es in vielen Betrieben schwierig sein, ein solches Ideal an Lackierung selbst bei kleineren Korpussen nur annähernd zu erreichen. Mancher alte Wirtshaustisch steht für das Gegenteil: ohne jeden Lackschutz ist die Ahornplatte allen Einflüssen von Tellerkratzern bis Bierlachen ausgesetzt. Ab und an wird sie mit feinem Sand wieder in Ordnung gebracht.

Welches Oberflächensystem gewählt wird, ist also nicht nur von der funktionalen Erwartung an das Möbel abhängig, sondern auch Spiegelbild der Werteeinstellung der Benutzer. Der Schutz des Möbels vor sich festsetzendem Staub, Feuchtigkeit, leichten mechanischen Einflüssen oder möglicherweise UV-Strahlung sind rationale Erwägungen, mit dem »Anfeuern« des Holzbildes und dem Herausholen der Farbigkeit kommen die eher sinnlichen Momente dazu, und je nach Wertesystem der Betrachter spielen auch noch repräsentative Aspekte eine Rolle.

Eine Fülle von Oberflächensystemen steht zur Verfügung: Seifen, Ölen, Wachsen, Lasieren, Klarlackieren, farbig Lackieren bis hin zu Effektlackieren, wie mit Perlmuttlacken, Reißlacken oder Strukturlakken. Damit noch nicht genug, das Aufbringen läßt vielfaches Spiel zu: Spritzen, Rollen, Pinseln. Manchmal kann Lack mit dem Kamm verändert werden wie früher bei den Malermöbeln. Auch Farbverläufe und Motive durch feine Airbrushtechnik sind denkbar. Durch chemische Einwirkung wie Bleichmittel läßt sich die Holzfarbigkeit ändern, durch Beizen andere Farbe einbringen. Da sage noch einer, im Schreinerhandwerk wäre die Oberflächentechnik ruckzuck gelernt und eigentlich benötige man nur einen Lack!

Lackieren nur als dekorative Werkstoffkonservierung?

Um diese Oberflächenstruktur zu erreichen, bearbeitete C. André sein Meisterstück mit der Säge.

Für den täglichen Gebrauch mag sie etwas rauh sein, sie zeigt aber Holz in einer neuen Qualität.

Bearbeiten und Strukturieren

Bei »Finish« ist davon ausgegangen worden, daß auf eine Oberfläche etwas aufgebracht wird. Die Oberfläche läßt sich aber auch vorher bearbeiten. Für den Hochglanz beim Flügel benötigt man eine ebene, feingeschliffene Oberfläche. Bei Plattenmaterialien wie Multiplex oder Flachpress bietet sich auch an, von ebenen Oberflächen auszugehen. Dreischichtplatten und Vollholz lassen darüber hinaus noch weiteres zu: mechanische Zusatzbearbeitung durch Bürsten, Fräsen, Prägen, Sandstrahlen oder Schnitzen. Selbst die Bearbeitungsspuren des Herstellens können bereits eine charakteristische Oberfläche ergeben: Spalten, Sägen, Rauhbankhobeln ... manche Techniken können gar kombiniert werden.

Belegen

Die Konstruktionsmaterialen für Möbel und Bauteile können belegt werden – manche, wie Spanplatten, sollten es sogar. Wieder ergeben sich gestalterische Möglichkeiten. Auf Werkstoffplatten können Bleche, Furniere, Kunststoffe, Linoleum, Schichtstoffplatten, Stoffe und Zeltplanen aufgebracht werden. Manch einer hat schon Einwickelpapier verwendet und dick überlackiert – Schichtstoffplatten leben hauptsächlich von ihrer Papierschicht –, andere wollten schon mal Weinlaubblätter zur sinnlichen Animation aufkleben. Solche unüblichen Wege haben nur die Schwierigkeit, daß die Haltbarkeit eventuell problematisch wird oder aber Materialreaktionen noch nicht bekannt sind.

Risikoloser ist, mit den gewohnten Materialien umzugehen:

- mit Rollenware wie Linoleum die ganze Fläche der Werkstoffplatte belegen,
- mit streifigen Teilen die Flächen belegen, wie bei Furnier üblich,
- mit kleinen zusammengefügten Teilen die Fläche belegen.

Gestalterisch gesehen weisen streifige Teile Spielräume auf. Beim Furnieren wird ein Pragmatiker die Breite so wählen, wie es das Furnierblatt erlaubt. Furnier und andere Materialen können aber auch in sehr schmale Streifen geschnitten werden, ein typisches Merkmal des Dessins wiederholt sich dann z.B in jedem dritten Blatt. Zwischen die Streifen kann eine dunkle Ader eingelegt werden. Oder die Streifen fangen schmal an und werden zunehmend breiter, oder schmale und breite wechseln sich ab oder ...

»Kleine zusammengefügte Teile« können wie ein Schachbrett angelegt sein oder wie beim Puzzlespiel – ein geometrisch schwieriges Teil greift in ein ähnliches – es kann aber auch ein Zusammenfügen unregelmäßig großer Teile bedeuten, die ein Bildmotiv ergeben. Denkbar ist auch, daß schmale Streifen mit großen Flächen kombiniert werden.

Ob nun schmal mit breit abwechselt oder hell mit dunkel, oder ob man glatte mit strukturierten Flächen kombiniert – in diesen Fällen werden Kontraste zur Steigerung der Spannung eingeplant. Kontrast kann aber auch entstehen, wenn verschiedene Materialien in der Fläche zusammen verwendet werden: Holz, Metall, Kunststoff ... die Aufzählung steht schon oben.

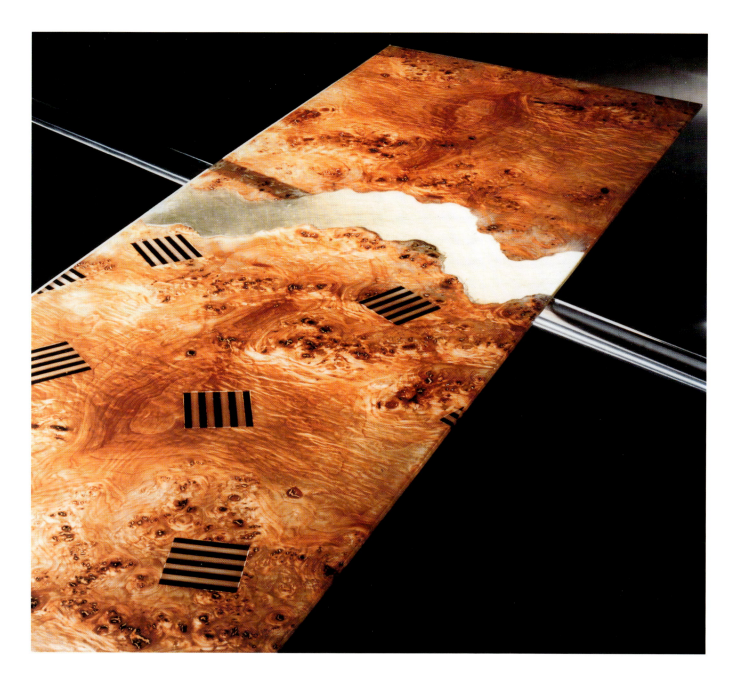

Die Danzer Furnierwerke in Reutlingen ließen von Designern und Künstlern Furnierflächen gestalten, um neue Einsatz- und Erscheinungsmöglichkeiten ihrer Ware herauszuarbeiten. Es entstand ein breites Ideenspektrum: Fremdmaterialien wurden eingelegt, neue Farbigkeit erzielt, Furnier auf Glas geklebt und hinterleuchtet... Einlegetechniken und Marketterie haben eine lange Geschichte. In vergangenen Jahrhunderten arbeitete man zwar mit anderen Materialien, aber mit ähnlichen Absichten: Die Möbeloberfläche sollte mit Motiven verziert und aufgewertet werden.

Entwurfseinflüsse

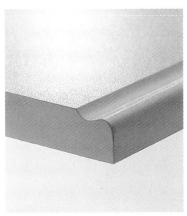

Fertigungsmöglichkeiten

Thonet-Stühle sind ein brillanter Ausdruck ihrer Fertigung, dem Biegen von Holzstäben. Kaum ein anderer konnte dies damals, Thonet baute den Vorsprung aus, sicherte ihn rechtlich ab und begründete damit eine erfolgreiche Firma. Begonnen hatte er mit einer kleinen Schreinerei in Boppard am Rhein. Bei diesen Stühlen sind Konstruktion und Gestaltung deckungsgleich, beides ist Ausdruck eines Fertigungsverfahrens. Auch ein Laie ahnt, wie ungefähr die Stühle hergestellt werden. Die Vielzahl von Thonets Modellen hatte nicht zuletzt die Aufgabe, die Möglichkeiten des Fertigungsverfahrens auszureizen. Daß die Formensprache den Zeitgeschmack traf, erhöhte den wirtschaftlichen Erfolg.

Dies ist ein wichtiger Aspekt: Wie kann ich mit einem Material anders als im gewohnten Sinne umgehen, und wo liegen die Grenzen eines Fertigungsverfahrens – dies prägt die Gestaltung des Möbels.

Anhand der klassischen Schreinerarbeitsweisen kann geprüft werden, inwieweit durch veränderte Materialabmessungen interessante Gestaltungen möglich sind.

In manchem Betrieb stehen aber auch Spezialmaschinen, die sich für die Gestaltung eines Gesellenstücks einsetzen lassen. Postformingmaschine, Vakuumpresse für Furnier, seltene Fräswerkzeuge, Rundbogenpresse – solche Sondermöglichkeiten können zu interessanten Produktentwicklungen anspornen. Aber immer nur dann, wenn der Auszubildende an den Maschinen schon ausgebildet wurde.

Es gibt eine Reihe von Spezialisierungen im Schreinerhandwerk bis hin zu Berufsfeldern, die auch mit Holz umgehen, aber nicht unbedingt im Schreinerhandwerk angesiedelt sind. Faßbauer sind dafür ein Beispiel, Drechsler, Parkettleger, Modellbauer bis hin zu Holzbildhauern. Vielleicht werden in dem Ausbildungsbetrieb solche Produktionsweisen eingesetzt, oder es gibt einen Betrieb mit solcher Fertigung, mit dem zusammengearbeitet wird. Diese Impulse können Anregungen geben für die Gestaltung. Vielleicht aber lassen sich hier auch persönliche Interessen nach der Grundausbildung zum Schreiner bzw. Tischler weiterverfolgen.

Diese Löffel haben zum Möbelbau zwar keine direkte Verbindung; aber vielleicht steckt in schreinerfremden Erzeugnissen doch der eine oder andere Entwurfsimpuls. Wo am Möbel wären zum Beispiel für gedrechselte Details oder Funktionselemente Einsatzmöglichkeiten?

Entwurfseinflüsse

Entwurfschecklisten

Im Eifer des Entwerfens kann es schon passieren, daß ein wichtiges, z. B. ein funktionales Kriterium vergessen wurde. In den folgenden Checklisten zu den am häufigsten vorkommenden Möbelgruppen werden die jeweils wichtigsten Kriterien zusammengetragen. Profis lesen die technischen Richtlinien und DIN-Texte. Das ist eine unerläßliche Aufgabe, sollen die Produkte verkäuflich sein.

Unterbringungsmöbel:

- Innenmaße auf Unterbringungsgut und dessen Bedienung abstimmen.

- Bedienbarkeit der Türen, Schübe und Klappen klar und unmißverständlich zu erkennen geben. Bedienung des Schrankes ohne Gebrauchsanleitung.

- Verletzungsfreie Bedienbarkeit der beweglichen Möbelteile.

- Tiefe bei Kleiderschränken: mindestens 54 cm, Höhe für Hängegarderobe: mindestens 90 cm oder mindestens 150 cm.

- Lichte Höhe bei Möbeln mit Untergestell: mindestens 12 cm.

- Standsicherheit bei schmalen oder flachen Möbeln: eventuell Verankerung in Boden, Wand oder Decke notwendig, bei Klappbetten sogar vorgeschrieben.

- Bei Bürocontainern mit mehreren Auszügen darf wegen der Kippgefahr nur jeweils einer ausziehbar sein.

- Bei Präsentationsmöbeln, z. B. Vitrinen, möglichst ungehinderter Blick auf die Ausstellungsgüter.

- Weitere Kriterien könnten sein? ...

Möbel für elektrische Geräte:

- Innenmaße auf Geräte abstimmen. Veränderbare Innenaufteilungen können auch für später zugekaufte Geräte angepaßt werden. Eventuell mit steckbaren Rahmenblenden arbeiten.

- Ausreichende Stabilität der Möbelteile für die Standsicherheit der Geräte.

- Kanäle für Kabelführung horizontal und vertikal. Elektroverteilung möglichst im Schrank, um Zuleitungen zu sparen.

- Stauraum für Geräte- und Verbindungskabel.

- Durchlüftung des geschlossenen Schrankes verhindert gefährlichen Wärmestau.

- Möglichst gute und einfache Erreichbarkeit der Geräte auch von hinten für Verkabelung, nachträgliche Aufrüstung etc. Leichte Auswechselbarkeit fest eingebauter Leuchtmittel.

- Möglichst schwingungs- und ruckfreie Führung der beweglichen Möbelteile, sensible Geräte können sonst Schaden nehmen.

- Weitere Kriterien könnten sein? ...

Schreib- und Arbeitsplätze, Tische:

- Platzbedarf:
Plattengröße bei Schreibtischen: 160 × 80 cm.
Lichte Breite Beinbereich: 58 cm
Lichte Tiefe Beinbereich: 60 cm
Platzbreite an Eßtischen: 60 cm je Person, im Hotelbereich: 75 cm, für Eindecken.

- Höhen:
Eßtische: 72–75 cm
Schreibtische: 72 cm, wenn nicht Höhenverstellbarkeit.
Lichte Höhe Beinbereich: mindestens 62 cm,

- Radien an Kanten von Büroschreibtischen: mindestens 3 mm.

- Ausgleichsbeschlag für Bodenunebenheiten bei Büromöbeln notwendig.

- Kabelführung horizontal und vertikal.

- Trennung Schwach- und Starkstrom.

- Stauraum für Geräte- und Verbindungskabel.

- Helle, glatte und nichtglänzende Plattenoberflächen.

- Möglichst hohe Resistenz gegen Verkratzen und chemische Eingriffe.

- Weitere Kriterien könnten sein? ...

In der professionellen Produktentwicklung wird vor dem Entwurf ein Pflichtenheft, Briefing oder Kriterienkatalog erarbeitet. Hier werden alle Punkte zusammengetragen, die sich aus den Anforderungen an Funktion, Aussehen, Fertigung, Richtlinien, Transport, Montage, Marketing und Vertrieb, Firmenphilosophie und Produktpolitik ergeben.

Ein gut gestaltetes Möbel berücksicht diese Kriterien.

Stehpulte und Steharbeitsmöbel:

- Ausreichende Stabilität beim Anlehnen, damit Möbel nicht kippt.
- Gute Verankerung von Platte an Gestell oder Unterkorpus, volles Auflehnen muß ohne Beschädigungen und Zerbrechen möglich sein.
- Fußstange
- Schräge Platten mit Rutschleiste und Nutungen für Kleinteile ausrüsten.
- Höhe der Arbeitsplatten variierbar für unterschiedlich große Personen.
- Kanten mit Körperkontakt abrunden, Mindestradius 3 mm.

- Weitere Kriterien könnten sein? ...

Kindermöbel:

- Standsicherheit beim Beklettern.
- Kindersicherung von Schüben und Türen.
- Keine abmontierbaren Kleinteile, die verschluckt werden können.
- Alle erreichbaren Teile speichel- und schweißecht, Stahlteile korrosionsbeständig.
- Ecken und Kanten gratfrei gebrochen, gerundet.
- Abstände bei Gitterstäben: 60–75 mm.
- Keine kleinen Zwischenräume: Gefahr des Einklemmens von Körperteilen und des Verhedderns von Kleidungsstücken.
- Absperrungen bei Betten und Ställen mindestens 55 cm hoch.
- Maschenweite bei Geflechten maximal 7 mm.
- Bespannmaterial schwer entflammbar.

- Weitere Kriterien könnten sein? ...

Feuchtraum und Außenraummöbel:

- Konstruktion muß ungewöhnlich starkes Arbeiten des Materials ermöglichen.
  Unterschiedliches Quell- und Schwindverhalten der Materialen beachten.
  Bewegliche Teile müssen noch im gequollenen Zustand bedienbar sein.
- Eindringende Feuchtigkeit muß wieder entweichen können: Luftzirkulation und Luftschlitze.
- Korrossionsschutz von Metallteilen.
- Hinterlüftung aller Schrankflächen am Aufstellungsort: Boden, Wand, Decke.
- In spritzwassergefährdeten Bereichen Kanten so ausbilden, daß Wasser ablaufen kann, Unterseiten mit Tropfkanten.
- Besonders die stehenden Hirnholzflächen gegen Wasserkontakt schützen.
- Eventuell chemische Reaktionen von Materialien bei Feuchtigkeit beachten.
  Möglicherweise können bei Feuchtigkeit Farbveränderungen auftreten.

- Weitere Kriterien könnten sein? ...

Entwurfseinflüsse

Entwerfen trainieren

Entwerfen ist das Durchdenken einer Problemstellung und das Erarbeiten einer Lösung. Wer sich öfter an solchen Aufgaben versucht, dem fällt es leichter. Außerdem macht es Spaß, sich Neues und gar Unkonventionelles auszudenken.

Viel Übung führt nicht unbedingt dazu, jedes neue Problem schneller zu lösen. Es ermöglicht aber, die Aufgabenstellungen schneller zu verstehen, Gestaltungsfreiräume aufzuspüren und komplexer zu denken. Auch schwierigere Aufgaben werden souveräner begonnen.

Zum Üben und zum Gedankenschärfen sind die folgenden Aufgaben gedacht. Bevor jemand den Stift in die Hand nimmt, sollte er prüfen:

- Was sind die geschilderten Anforderungen an das neue Möbel?
- Welche Anforderungen werden nicht genannt, müssen aber berücksichtigt werden?
- Wie müssen Funktionsbereiche am Möbel einander zugeordnet werden?

Vor dem ersten Strich sollte man am besten ein Bild der eigenen Vorstellung entwickeln.

Dann folgt der Griff zum Stift und einem Stapel Papier oder besser noch einer Skizzierpapierrolle – und los geht's!

Profis allerdings legen zuvor noch andere Arbeitsschritte ein, z. B. führen sie eine bereits erwähnte Marktbeobachtung durch. An diese schließt sich eine Marktanalyse an. Hier wird geprüft, zu welchen Bedingungen ein geplantes Produkt eine reelle Verkaufschance hat und welche Besonderheiten bereits käufliche Möbel für diese Aufgabenstellung aufweisen. In einem darauf folgenden Kriterienkatalog werden alle Entwurfsvorgaben zusammengestellt. Ein solcher Katalog gibt nützliche Hilfestellung vor den ersten Skizzen.

Der große Entwurf gelingt kaum in zwei Stunden sonntagnachmittags zwischen Sahnetorte und Salamibrot. Hineindenken, ausdenken und skizzieren benötigen Zeit.

Manchmal gelingt ein guter Entwurf in der Tat dann ganz schnell. Wer sich in ein Problem richtig hineingedacht hat, dem fällt scheinbar zufällig eine gute Idee ein. Die heißt es dann schnell festhalten. Blitzideen kommen meist nur einmal.

Outfit-Controlletti

Heute guckt die ganze Familie hinein. Vater prüft den Krawattenknoten, Mutter den Ohrring, die Tochter die Farbkombination ihrer Kleidung, und Timon, der Kleinste, findet, daß sich auf dem Spiegel besonders gut mit Spucke malen läßt.

Als der Outfit-Controlletti noch nicht da war, mußten alle für den Spiegelblick ins Bad. Oder ein anderer mußte um einen Prüfblick gebeten werden. Wobei dann nicht immer das mitgeteilt wurde, was zu sehen war, je nach dem, wie man zum anderen stand.

Heute gibt es den hohen Spiegel, die kleinen Kästchen mit Kamm, Bürste und Fusselrolle und unten die zwei feststehenden Bürsten zum Schuhspitzen polieren. Die blanke Eitelkeit sei das, meinte die Tochter laut. Aber gestern, als sie ausging, nutzte sie diese Dienstleistung klammheimlich doch.

Marionettentheater

Tagsüber ist Monikas Welt bestimmt von Telefonieren, Briefe schreiben und Ablegen. Doch abends geht es in die Märchenwelt des Marionettentheaters. Die meiste Zeit stellt die Bühne den Präsentationsraum dar für die acht selbstgenähten und bemalten Puppen mit rosa Rüschen oder rotschwarzer Bemalung – je nach Typ.

Ab und zu wird das Theater von der Wand vorgezogen. Dann erzählen Hexen, Zauberer, Drachen und glitzernde Feen Episoden aus Tausendundeiner Nacht. Die Zuschauer sind begeistert. Zumal sich an der Rückwand durch Schieber Kulissenbilder verändern lassen. Halogenlämpchen an Schwanenhälsen geben Effektbeleuchtung und wecken Illusionen. Gehen die Klappläden zu, ist die Bühne verschlossen. Das geschieht aber selten, denn dann sähe keiner mehr die schönen Puppen.

Entwerfen trainieren

Bücherregal mit Lesepult

Spitzwegs Bibliothekar auf der Leiter vor dem meterhohen Bücherregal und den Büchern unterm Arm ist für Eberhard kein Witz, sondern ein Ziel. Bücher sind für ihn mehr als nur zugeklappte Dekorationsdeckel.

Darum möchte Eberhard nun ein Regal, das mit Anbauelementen beliebig verlängert werden kann. In einem Korpus, den es zu entwickeln gilt, soll eine Ablage oder ein Schreib-Lese-Pult herausgezogen oder -gedreht werden können. Zwei aufgeklappte Bücher sollten nebeneinander auf diese Platte passen. Eine Beleuchtung von oben wäre nicht schlecht. Was Eberhard nicht braucht, ist ein Stuhl. Das Lesepult soll zum Lesen im Stehen sein.

Eßschrank für Hurries

Harry ist ein echter Hurry, zudem äußerst pragmatisch. Beruflich und privat fühlt er sich am Start. Ständig ist er auf Achse. Seine Wohnung ist für ihn täglich höchstens eine Zwischenstation. Die Essenszubereitung und das Essen selbst müssen schnell gehen. Mittlerweile stellte Harry einen schmalen Tisch direkt vor das Vorratsregal: Im Sitzen lassen sich die Marmelade, das Messer und das Brot angeln. Der Schalter für die Kaffeemaschine wird getippt, die Tasse geschnappt. Kurzum, alles bequem in Reichweite.

Ein Eßschrank zum Davorsitzen wäre ein echte Optimierung und würde das Provisorium ablösen. Vor allem könnte Harry dann die Türen schließen, und der Inhalt wäre versteckt. Wie könnte so ein Schrank aussehen?

Balsamico-Bord

Balsamico sei ein Essig, so schildert es Raphael, der aus Italien käme und mehrere Jahre in Eichenfässern gereift sei. Er wird es wohl wissen, Essige sind sein Hobby. Eigentlich fing es mit dem Kochen an, bis er dann darauf kam, Salate und Rohkost würden mit verfeinerten Essigen besser schmecken.

So setzt er sie heute häufig selbst an, vergärt Weiß- und Rotwein, legt Wachholderbeeren, Thymian, Knoblauch und anderes ein. Zum Gären braucht der Flascheninhalt viel Luft, zum Lagern darf kein Licht daran kommen.

Sein Balsamico-Bord ist denn auch ein spezieller Ort: Luft kann von unten hinein und oben hinaus, zwei bis drei Flaschen gären, sieben bis acht fertige stehen für den Verzehr bereit oder zum Verschenken. Außerdem stehen da noch 14 Einmachgläser mit getrockneten Kräutern, denn Getrocknetes würzt den Essig besser als Frisches. Und damit das Kraut trocknen kann, hängt er es unten an den Haken. Sein Schrank darf nur aus Vollholz sein. Des Kräuter- und Essigduftes wegen.

Trockenblätter an einer Scheune

Entwerfen trainieren

Die Picknick-Kiste

Eine Weile hatte es ja schon gedauert, bis die Holzbretter des Gartensitzplatzes hinter das Haus der zwei Familien gelegt waren. Nun aber wird häufiger im Garten gegessen. Wohl sind es einige Treppen bis in den Garten, und zum Geschirrtragen ist dies eine ganze Menge. Aber dort läßt sich so schön von Natur und Wildnis träumen.

Wer der Gartenlust frönt, keineswegs über das Laufen stöhnt. In die Picknick-Kiste, einen Holzkasten zum Tragen, passen Teller, Tassen, Besteck, Weinflasche und Blumenvase, Obstschale und Strickzeug hinein. Um das Essen zu holen, muß jemand zweimal mit dem Kasten laufen. Das kleine Schubkästchen für Winzigkeiten wird mit ein paar Lederriemen festgezurrt, in ihm können auch heikle Dinge für den Gartentransport verwahrt werden.

Ausgeh-Parat-Halter

Die 24 Minuten morgens, um ausgehfertig zu sein, lassen sich nicht weiter verkürzen. Der Wecker klingelt auch immer zu früh. Das Frühstück ist auf eine schnell getrunkene Tasse Kaffee reduziert. Kurzum, morgens hat es Christina eilig, abends um so weniger.

Um morgens möglichst schnell fertig zu sein und trotzdem nichts zu vergessen, wäre ein Parat-Halter gut: Die Kleidung hängt einsteigefertig, Autoschlüssel und Tasche, das Kinoprogramm für den Nachtfilm und die CD für die Arbeitskollegin liegen parat, an einem Klämmerchen hängt ein Notizzettel: »Max anrufen«. In einem Laden läßt sich so ein Möbel kaum kaufen, und dem Schreiner fehlt noch die Zeichnung.

Badezimmerschränkchen

Bislang stapelte sich der kleine Seifen- und Schampoovorrat neben dem Waschpulver unter der Spüle in der Küche, Pinzette und Kamm lagen in der Seifenschale des Waschbekkens und die kleinen Gästehandtücher mußten immer eigens aus dem Wäscheschrank im Schlafzimmer geholt werden.

Das Schönste an dem Bad war, daß gespritzt werden konnte wie am Meer. Der Badespaß soll erhalten bleiben, aber praktischer muß es werden.

Mit einem kleinen Massivholzschränkchen gegenüber der Waschbeckenwand soll das nun anders werden: Die Gästehandtücher liegen griffbereit und der Parfumflakon mit den anderen Notwendigkeiten hinter einem luftigen Verschluß.

Bett-Service-Kasten

Im Bett läßt sich so schön lümmeln, lesen und lustträumen. Ein paar Dinge sind dazu aber nötig: Buch, Zeitschrift, Wein und Glas, Licht und die Fernsteuerung. Nun hat das Futonbett zwar eine angehängte Ablage, allein, sie ist zu klein.

Ein Kasten an der Wand wäre brauchbar, mit Fächern für die Lümmeldinge und zusätzlich noch zwei oder drei Schublädchen für Taschentücher, Nasenspray, Gebiß und Schlaftrunk.

Entwerfen trainieren 79

Kerzen-Laternen-Schrank

Weihnachten und Winter könnten zweimal hintereinander kommen, und der Kerzenvorrat in Kates Schrank wäre immer noch nicht verbraucht. Schmale hohe Tischkerzen, jede Menge Teelichter, dicke runde Kerzen für besonders stimmungsvolle Raumdekorationen.

Ein besonderer Traum wäre ein Wandschränkchen mit Inneneinteilung für die Kerzensorten, bei dem zugleich in der Tür oder an den Seiten brennende Kerzen hinter Glas den kleinen Schrank zur Laterne machten.

Rollender Notenständer, das Notenmobil

In einem Anflug jugendlichen Leichtsinns meinte Karl-Heinz, seine Tochter quer über den Tisch heben zu müssen. Die Sache ging ungut aus – ein eingeklemmter Nerv. Das komme, weil er immer nur sitze, meinte der Arzt. Also wollte sich Karl-Heinz für das häusliche Notenstudium ein Stehpult besorgen.

Zwischenzeitlich hat er ein eigenartiges Ding. Es steht auf Rädern, hat im Korpus viel Platz für Notenbücher und oben eine überstehende schräge Platte, auf der eigentlich die Saxophonnoten liegen sollten, meist jedoch die Tageszeitung, die gerade noch darauf paßt.

Das Notenmobil steht einmal am Fenster, ein andermal vor dem Bücherregal. Einen Riesenspaß hat auch Patricia. Denn dort, wo beim Zeitunglesen Vaters hochgestellter Fuß steht, genau in diesem Schrankraum kann sie sich gemütlich verkriechen. Macht nichts, denkt sich Karl-Heinz, bei anderen würde die Katze drinsitzen.

Mützenschrank

Jeden Mittag ist es das gleiche. Der Sohn kommt nach Hause: Mütze runter, Schuhe aus, Ranzen in den Weg. Die Tochter kommt nach Hause: Mütze runter, Schuhe aus, Ranzen in den Weg. Daß in der Ecke schon die Schals, Mützen und Taschen der anderen liegen, vervollkommnet das Bild.

Ein Schrank für die Eingangstüre soll nun beschafft werden. Unten könnten Fächer sein, die seitlich offen sind für die Schultaschen, in der Mitte ein Fach, das mit einer Klappe verschlossen ist und die Schals, Handschuhe und Mützen aufnimmt. Oben auf dem Oberboden könnte festmontiert eine runde Metallschale stecken: Da kommen dann die Schlüssel und die Hundeleine rein.

Zum Beispiel Gesellenstücke

Die meisten Anregungen bieten manchmal Möbel, die einem gegen den Strich gehen. Vielleicht, weil man sich über diese so schön aufregen kann. Und je genauer man hinschaut, irgend etwas Positives findet sich dann vielleicht doch, oder wenn das Gegenteil von… gemacht worden wäre …, und schon fängt es an mit dem Bleistift und dem Papier, und die Impulse kommen. Im Gegenzug dazu sind Möbel mit hohem Sympathiewert manchmal langweilig, die ließen sich nur nachbauen – aber Kopieren ist nicht die Triebfeder der Gestaltung. Oder möchten Sie Ihr Möbel später hundertmal sehen?

Um sich mit Gestaltungsimpulsen zu beschäftigen, Formfindung zu hinterfragen, die Gliederung von Form und Flächen zu prüfen, Kontrasten nachzuspüren, Möglichkeiten unterschiedlicher Werkstoffe zu erkunden, kommen nun Beispiele. Nicht zuletzt, um sich nochmal klarzumachen, Funktion – im Sinne von „Aufgabenstellung an das Möbel" – beeinflußt wesentlich die Form mit ihren Vorgaben an Gebrauchsmöglichkeiten, Form, Maßen und Materialien.

Vom geschlossenen Schrank über Vitrinen, Möbeln zum Stehen und Sitzen bis hin zu Möbeln für Phonogeräten spannt sich der Bogen.

Korpusse

Hausbar

von Erwin Frick

Die Funktionalität dieser Hausbar ist vollständig gegeben. Sie bestimmt letztendlich auch die etwas voluminös wirkende Größe des Möbels. Der dominierende Kubus wird jedoch durch die gut durchdachten gestalterischen und handwerklichen Detaillösungen optisch zurückgenommen. Gut gelungen sind auch die Farbgebung und Materialauswahl. Dieses Möbel sprengt den Rahmen eines üblichen Gesellenstücks, es rückt in Aufwand und Ausführung in die Nähe einer Meisterarbeit und sollte künftige Lehrlingsjahrgänge nicht unbedingt zur Nachahmung anregen.

Säulenschrank

von Michael Riffel

Der allseits nutzbare »Säulenschrank« ist eigentlich ein Kombinationsmöbel. Über die diagonale Rückwand wird dieses Gesellenstück in ein offenes Regal und einen Schrankteil getrennt. Der Schrankteil läßt sich über Eck öffnen. Als Türgriff dient eine farblich abgesetzte Mulde mit frei fließenden Linien. Das Schrankinnere und das Regal sind Erle furniert und matt lackiert. Der Korpus außen und die Front sind Esche schwarz gebeizt.

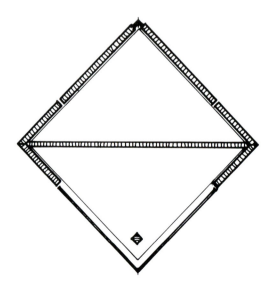

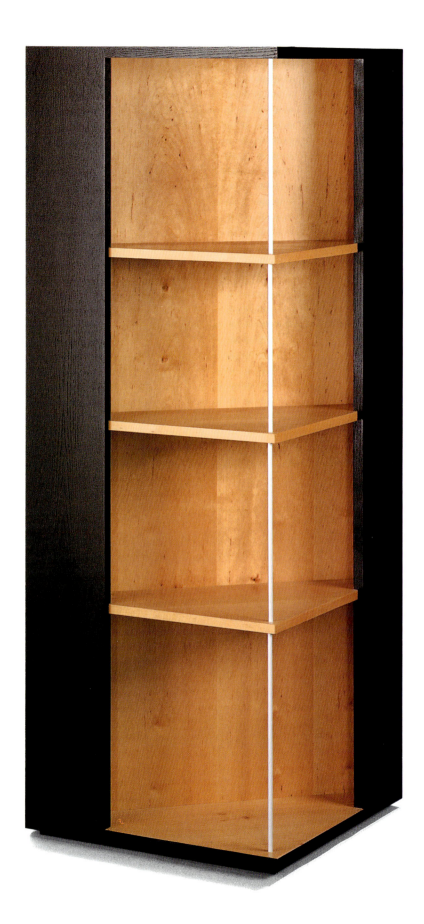

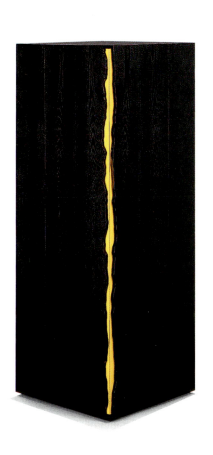

Korpusse

Frontgestaltung

Schrank

von Thomas Schweikhard

Das Besondere an diesem Gesellenstück ist die dreieckige Grundform des Schrankes. Der Korpus ist aus blau lackierter Esche. Die Front aus Buche natur hat einen von hinten eingearbeiteten farbigen Griff. Der dazugehörige Farbstreifen wird über die Schlagleiste als schmaler Strich weitergeführt. Am innenliegenden Schubkasten taucht die dreieckige Grundform als Griffeinschnitt wieder auf. So können mit wenigen Mitteln bei einem schlichten Möbel interessante Akzente gesetzt werden.

Wandmöbel

von Rainer Gehling

Als Wandmöbel wird dieses halbrunde Gesellenstück bezeichnet, das ebenso auch als Barschrank verwendet werden könnte. Es gefällt durch gut gewählte Proportionen und die Beschränkung auf wenige, aber überzeugende Details, wie die profilierte Mittellisene. Ein Akzent, der gleichzeitig Hinweis auf ein Funktionselement ist. Darüber hinaus prägt die anspruchsvolle Furnierauswahl – farblich interessanter Apfelbaum – den Entwurf.

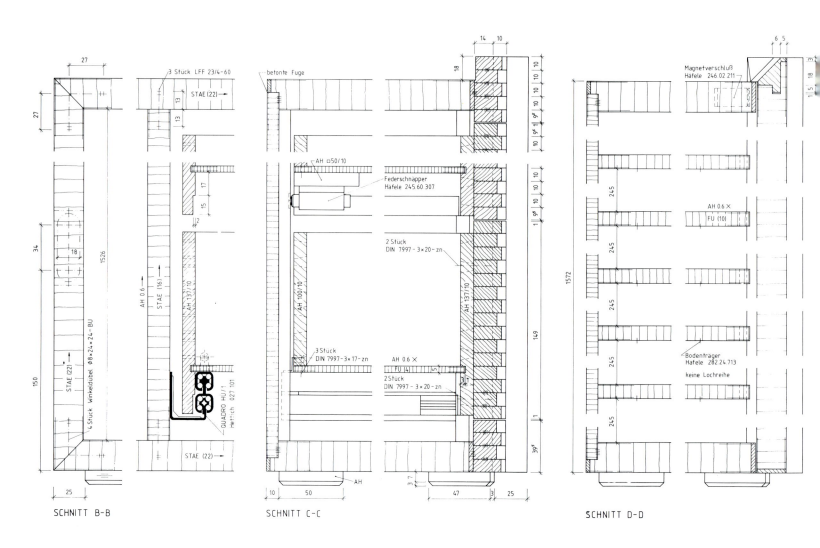

SCHNITT B-B   SCHNITT C-C   SCHNITT D-D

Frontgestaltung

Geschirrschrank

von Christoph Ebmeier

Unabhängig von der glänzenden handwerklichen Verarbeitung gefällt an diesem Gesellenstück besonders die schlichte Eleganz und Detailakzentuierung. Das Möbel besticht durch die formale Reduzierung, die präzise Maßanordnung des Furnierbildes und die Beherrschung der Proportionen. Es gibt ein gutes Beispiel, wie durch interessante Details eine ungewöhnliche Frontgestaltung erreicht wird. Als Holzart wurde hier Ahorn verwendet.

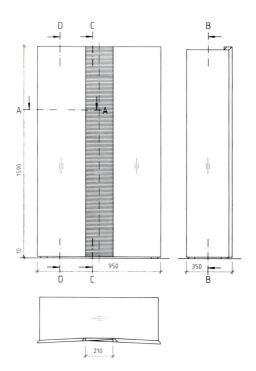

Frontgestaltung

Schrank

von Michaela Heisler

Eine von vielen Möglichkeiten einen einfachen Korpus durch dekorative Elemente interessant zu gestalten, zeigt dieses Gesellenstück. Helle und dunkle Furnierstreifen im Wechsel beleben die glatten Schrankteile und gliedern die Flächen. Einen zusätzlichen Effekt bildet der Schubkasten, der die Türen durchdringt. Die kegelförmigen Füße passen zu dem insgesamt recht lustigen Möbel. Als Holzart wurden hier Ahorn und Birnbaum gewählt.

Massivholz-Möbel

Phonoschrank

von Achim Mühlberger

Bei der Entwicklung dieses Gesellenstücks wurde zunächst auf die bekannte kleine Schrankform zurückgegriffen. Werden die beiden Türen geöffnet, so fällt der Blick auf mehrere, dünn dimensionierte, metallene Fachböden. Die Rückwand ist aus Lochblech, damit wird für die Lüftung der Phonogeräte gesorgt. Das schlichte, wohl aber überzeugende Möbel zeichnet sich durch eine klare und plausible Lösung aus. Es ist Ausdruck einer Ehrlichkeit. Die Gestaltung des Schrankmittelteils wird geprägt durch die unbesäumten Kanten der Türen. Holzart: Buche massiv.

Schnitt A-A

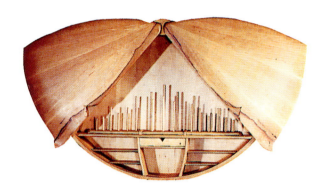
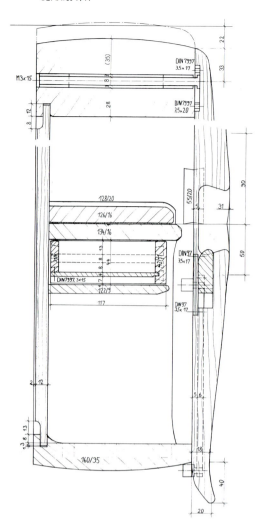
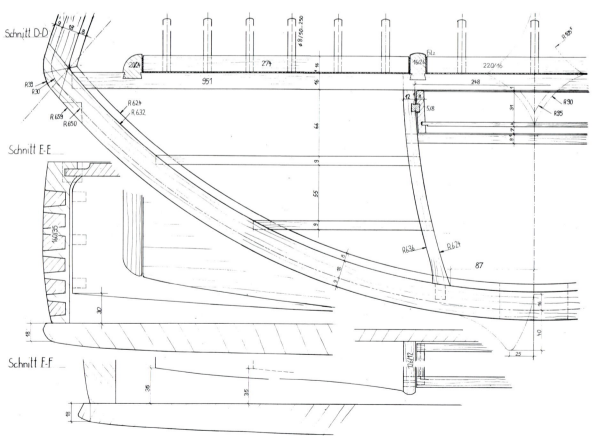

Schnitt D-D

Schnitt E-E

Schnitt F-F

92   Massivholz-Möbel

Flötenschrank

von Matthias Junginger

Das Zusammenspiel von Form, Konstruktion und Symbolik bei diesem Gesellenstück ist geradezu ein Paradebeispiel. Der Hängeschrank soll Flöten als Ganzes und in Teilen aufnehmen. Im unteren Bereich sind kleine Schübe und Fächer zur Unterbringung von Zubehör. Die Form des Schranks baut sich auf einem »sphärischen« Dreieck auf. Die Türen lassen sich wie Flügel hochdrehen. Dabei übernimmt die gekrümmte Gratleiste die Aufgabe der Türführung. Das Möbel zeugt von hoher Sensibilität bei der Holzauswahl und der Verarbeitung.

Obwohl hier ganz offensichtlich der übliche Rahmen eines Gesellenstücks weit überschritten wurde, erhielt dieses Möbel mehrere Auszeichnungen. In der Allgemeinbeurteilung wird es jedoch eine Ausnahme bleiben.

Bücherschränkchen

von Michael Neumeister

Dieses Gesellenstück zeigt eine reduzierte, handwerklich edle Form mit bildhauerischen Ansätzen. Massivholz wurde hier zur vollen optischen Wirkung gebracht. Die handwerkliche Eckausbildung an der schlichten Würfelform belebt das Stück als dekoratives Element. Die aus dem Massivholz herausgearbeitete Türfrontgestaltung, die gleichzeitig in eine eigenständige Grifflösung übergeht, erfreut das Auge des Betrachters und reizt zum »Streicheln« des Holzes. Insgesamt ein geeignetes Gesellenstück ohne übertriebenen Aufwand und mit viel künstlerischem Ausdruck.

Gläserschrank

von Swantje Wittenberg

Dieses Gesellenstück aus Schweizer Birnbaum fällt auf den ersten Blick durch gute Proportionen der strengen kubischen Form auf. Belebung erfährt die Frontansicht durch die feine, scheinbar »freihand« gezogene Linienführung der Türtrennungsfuge. Ihr Verlauf erklärt sich erst beim Öffnen der Türen. Ein Entwurf, der eine Gestaltungsidee in der Außenansicht andeutet und dann gekonnt bis in alle Details im Inneren weiterführt.

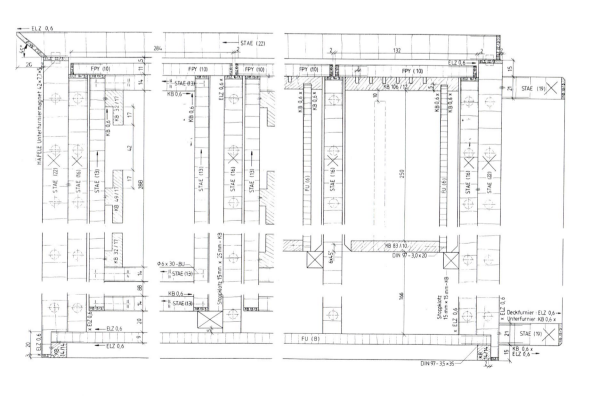

Massivholz-Möbel

Vitrinen

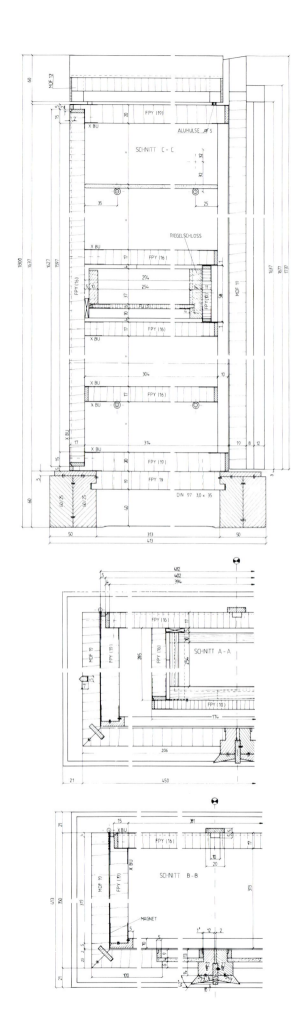

Sammlerschrank

von Florian Bucki

Dieses Gesellenstück hat eine interessante Linienführung, Grifflösung und Farbgebung. Ein Möbel mit einer eigenständigen Formensprache. Die raffinierte Türkonstruktion dient im offenen Zustand als Deko-Element. Die dunkle Oberfläche, die interne Schrankbeleuchtung und der relativ schmale Glasausschnitt in den Türen bewirken einen reizvollen Guckkasteneffekt. Erwähnenswert ist auch der obere, kronenartige Schrankabschluß.

Vitrine

von Heike Käßheimer

Die Vitrine aus Elsbeere besticht durch die konsequente Umsetzung des Wechsels von Glas und furnierter Fläche. Die Flächenanteile sind wohl ausgewogen. Der Mut, den Entwurfsgedanken bis ins Detail umzusetzen, spiegelt sich in der Konstruktion: Glas im Oberbodenbereich, Stangenscharniere, Ablösung des Schubladenkorpusses. Der Verzicht auf einen Sockel unterstreicht die Klarheit des Entwurfs. Das Möbel weist einen hohen Reifegrad und Sensibilität auf, besonders für die handwerkliche Grundausbildung. Es hat fast schon die Voraussetzungen eines Gesellenstücks überschritten und ist eher dem Bereich »Meistermöbel« zuzuordnen.

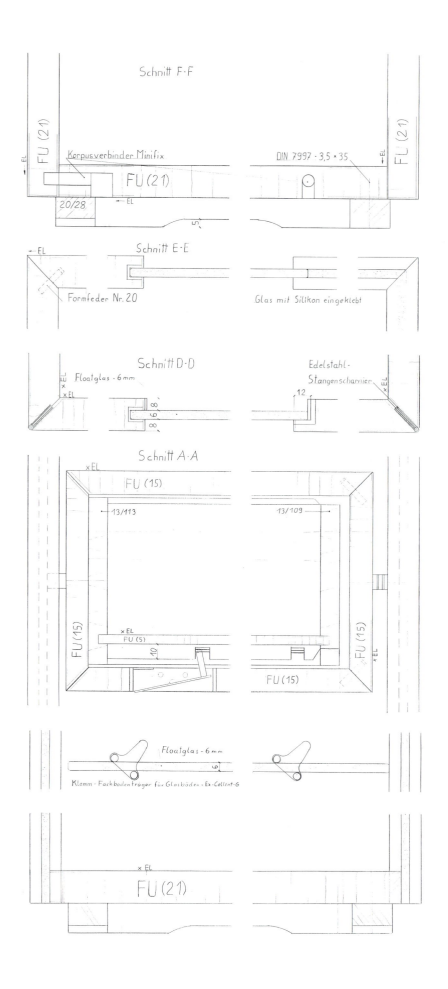

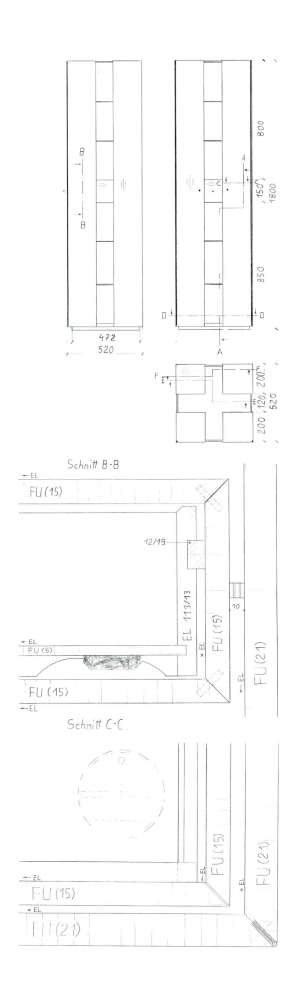

Vitrinen

Vitrine

von Holger Blank

Diese Vitrine aus Birke, Ahorn und viel Glas wirkt sehr edel. Sich nach unten durchgehend verjüngende Stollen tragen den farblich kontrastierenden Kasten in den Eckbereichen. Im Vitrineninneren ist ein kleiner Korpus mit zwei Schubladen an der Rückwand frei auskragend angebracht. Bei dem schlichten Möbel läßt sich formal nichts wegnehmen und nichts hinzufügen, ohne daß es gestalterisch deutlich verändert werden würde. Der farbliche Wechsel zwischen schwarz und weiß, die Transparenz, die elegante, schlanke und gute Proportion sowie die Zeitlosigkeit der Formensprache ergeben eine ausgereifte Lösung.

Oberflächengestaltung

Highboard

von Silja Riethmüller

Das Besondere an diesem Gesellenstück ist die Materialkombination von Elsbeere und Bleiblech für die Oberflächengestaltung. Der Farbkontrast zwischen dem rötlichen Holz und der anthrazitfarbenen matten Oberfläche des weichen Metalls übt eine besondere Faszination aus – meint die junge Gesellin. Eine mutige und originelle Idee, die an diesem Möbel konsequent durchgeführt wurde.

Oberflächengestaltung

Schreibtisch

von Timo Schwach

Das Gesellenstück zeigt Gestaltung mit Ornamenten und viel handwerkliches Können in der Verarbeitung. Die Form ist zwar dominierend und eigenwillig, durch die Wiederholung der Plattenform im Fußgestellbereich und die immer gleiche Sprossenführung wirkt das Möbel aber in sich schlüssig.

Von der technischen Ausführung bietet dieses Stück zwar weit mehr als von einem Gesellenstück verlangt wird, jedoch soll hiermit auch für künftige Prüflinge die Anregung gelten: »Macht doch mal was ganz anderes, aber übertreibt nicht.«

Containerschrank

von Andreas Marhauer

Ein Beispiel, wie man die auf das Notwendigste reduzierte Form eines Zweckmöbels durch Farben und Struktur interessant gestalten kann, zeigt dieses Gesellenstück. An dem schwarzen Kubus wirkt die funktionelle Griffgestaltung mit den blauen Randleisten und der unterlegten Metallplatte wie ein Signal. Sympathisch auch die handwerklich hergestellte, weiß gepunktete Oberflächenstruktur der Türen. Eine schöne Lösung ist das naturbelassene Tablett mit der konischen Umfassung. Sie steht spannungsreich zur übrigen Strenge und bietet sich gleichzeitig als Griffleiste an.

Geschwungene Fronten

Säulenmöbel

von Thomas Gnüge

Dies ist ein sehr zierliches, zurückhaltendes Möbel von bestechender Eleganz. Die Proportionen und Dimensionen sind gelungen und harmonisch. Die eigene Prägung erhält es durch die »Wellentür« und die der Tür angepaßte wellige innere Frontgestaltung. Bei aller Schlichtheit wirkt das Stück jedoch nicht langweilig. Farben und Materialien sind sinnvoll abgestimmt, die Konstruktion ist zweckmäßig. Ein ideales Gesellenstück, das handwerkliches Können zeigt, kreatives Gestalten und sensible Ausführung ohne übertriebenen Aufwand.

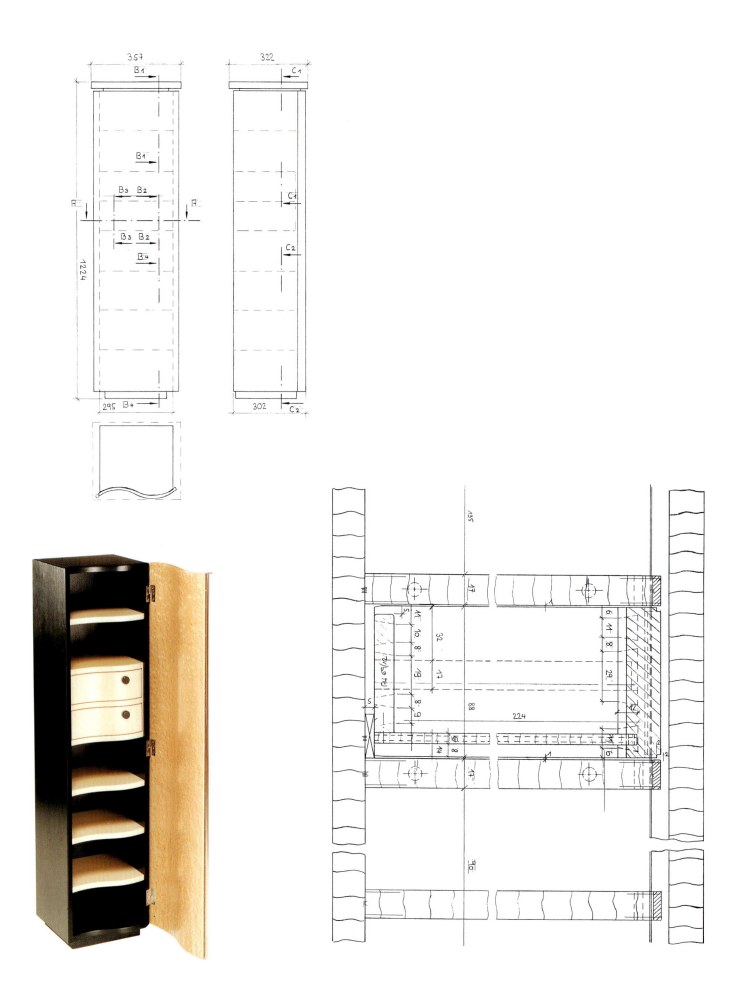

106 Geschwungene Fronten

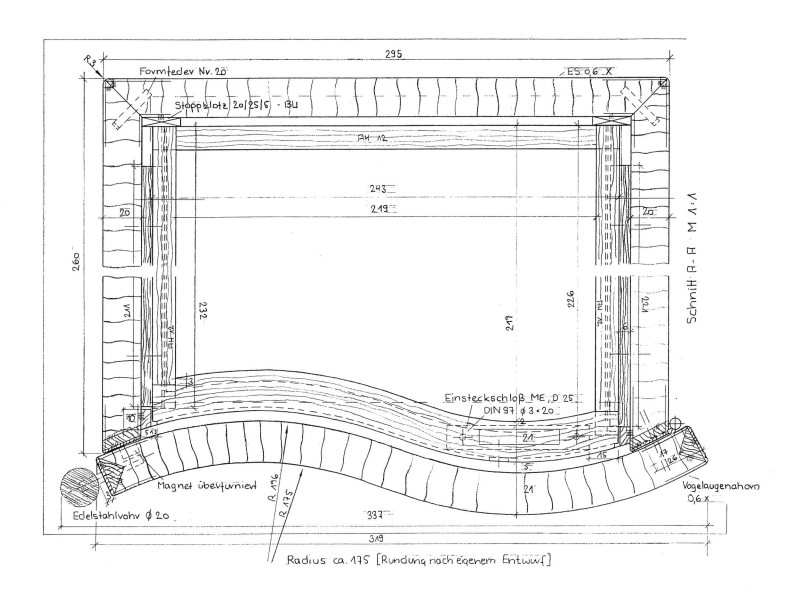

Geschwungene Fronten

Geschwungene Fronten

Wäschekommode

von Miguel Giron Becker

Dieses Gesellenstück hat eine sehr eigenständige Formensprache. Es ist ein modernes Möbel, das sich bei aller Eigenwilligkeit doch optisch so weit zurücknimmt, daß es ein zeitunabhängiger »Klassiker« werden könnte. Es ist ausgereift und besticht durch seine Einheit von Form, Funktion und Konstruktion. Der Betrachter kann es ablehnen oder befürworten - aber kaum eine Änderung benennen, die es »verbessern« würde. Trotz der auf den ersten Blick ungewöhnlichen Form ist das Möbel nicht allzu schwierig zu fertigen. Allerdings muß die Konstruktion vorher ausreichend durchdacht sowie die Fertigungstechnik gut vorbereitet werden.

Durchdringungen

Schrank

von Frauke Hildebrandt

Dieser Schranktyp wird öfter als Anregung für das Gesellenstück genommen. Schlichter – in den Proportionen ausgewogener – Korpus mit dekorativen Durchbrüchen in der Tür. Durch die gleichmäßige Aufteilung innen können hier die Schubladen und Kastenelemente beliebig ausgetauscht werden. Die Holzart ist Birnbaum.

Kendo-Schrank

von Bernhard Kinzler

Der »Kendo-Schrank« zeigt eine überaus konsequente Auseinandersetzung bei der Unterbringung von Rüstungsteilen für die japanische Fechtsportart Kendo. Die innere und äußere Haltung macht den rituellen Charakter dieser Sportart aus: das Möbel spiegelt diese Haltung wider. Es ist schlicht, in sich ruhend und zugleich spannungsvoll im Raum. Der obere Korpus durchdringt den Hauptkorpus und ist schiebbar. Die obere Tür kann durch einen Kulissenauszug geöffnet werden: die Konstruktion ist sichtbares Element. Mehrfach ausgezeichnet wurde dieses Gesellenstück wegen der Verbindung von selbstgestelltem Thema zur Entwurfsrealisierung und die entsprechende konsequente Formensprache.

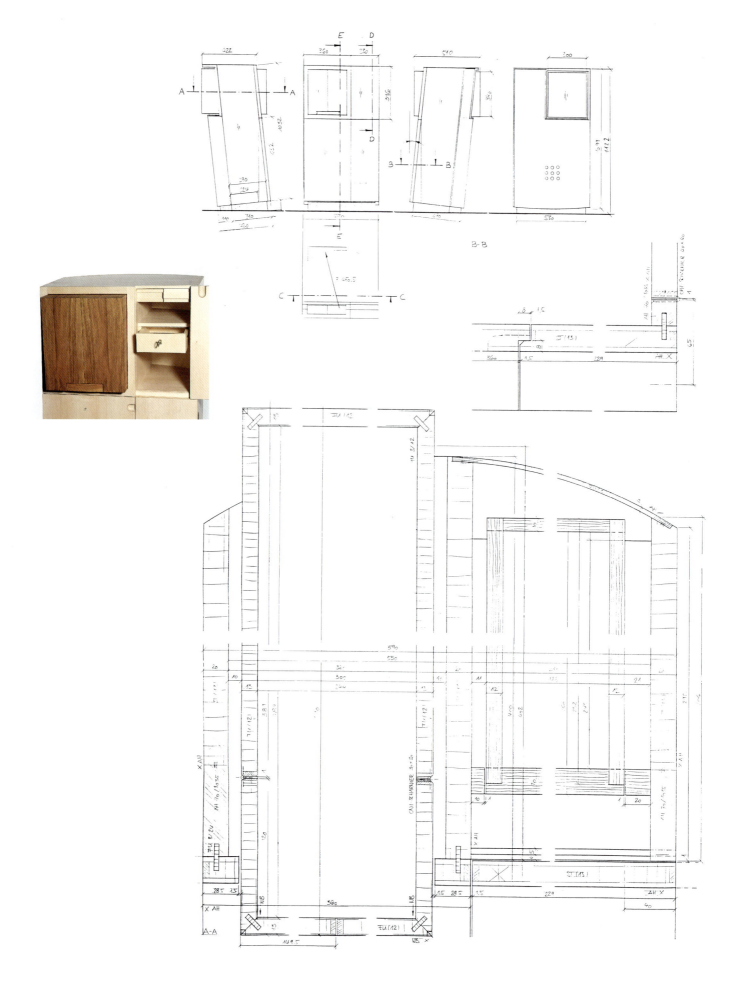

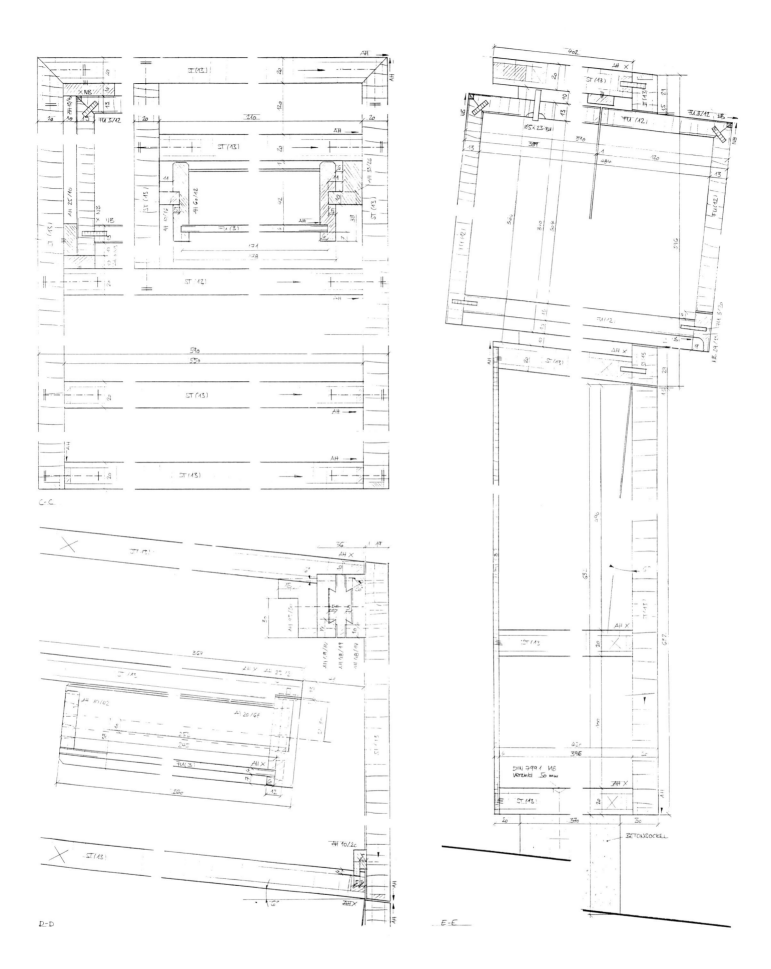

Durchdringungen

Durchdringungen

Mehrzweckschrank

von Tobias Petri

Hier wurde eine eigenständige und neuartige Idee für ein wandelbares Möbel, das ohne weiteren Aufwand verschiedenartig aufstellbar ist (je nach vorhandener Raumsituation), gefunden. Das Stück zeigt konstruktiv-innovative Möglichkeiten, ablesbar an vielen sehr durchdachten Detailausbildungen, z. B. die Umstellbarkeit von Fächern und Schubladen. Die Flächenaufteilung ist gut gelungen, ebenso die Flächengliederung und die Proportionen. Spannung erhält das Möbel durch die Segmentbogenseite der Frontplatte, welche die Griffform wiederholt und gleichzeitig selbst Griffelement und Abdeckung des Türschlosses ist. Das Stück hat eine ansprechende zeitlose Material-, Farb- und Ornamentzusammenstellung. Es lebt von seiner eigenständigen Idee und unkonventionellen Formensprache.

Schrank

von Alexander Böhm

Dies ist ein schlichtes Kastenmöbel mit einer Frontgestaltung, die Formkompositionen von Mondrian anklingen läßt. Dies ergibt eine bildhafte Wirkung des Möbels im Raum. Das Spiel von Flächenaufteilung, Durchbrüchen, Durchsicht und rasterartiger Innenaufteilung ist sehr reizvoll und zeigt eine eigenständige gestalterische Lösung. Das Stück demonstriert, daß auch einfach konstruierte Schreinerarbeiten formal gut gestaltet werden können. Nicht immer ist handwerklicher Aufwand gleichzusetzen mit guter Form. Die Farb- und Materialauswahl ist sehr zurückhaltend. Hier könnte man sich noch mehr Farbe und ein lebhafteres Holz vorstellen. Das Stück zeigt viele gute Ansätze, ist aber noch nicht genug ausgereift und sollte noch weiterentwickelt werden.

Stehmöbel

Telefonschränkchen

von Markus Auerhammer

Hier zeigt ein Stück eine schlichte edle Form mit klassischen Ansätzen. Das Möbel strahlt sakrale Ruhe und Harmonie aus. Proportionen und Dimensionen (der Teile und des Stücks insgesamt) sind gut gelungen. Die Grifflösung wurde konsequent in die Schwarzweißkontraste der Linienführung integriert. Dies ist eine Dekoration, die nicht gezwungen und aufgesetzt wirkt. Die Detaillösungen der Konstruktion sind durchdacht und nehmen die senkrechten Linienführungen perspektivisch (bei Übereckbetrachtung) immer wieder auf.
Die Konstruktion ist in sich schlüssig. Insgesamt ein geeignetes Gesellenstück, das eine ausgeprägte »Selbstverständlichkeit« ausstrahlt.

Steh-Eßpult

von Thomas Becker

Ein sehr interessantes Gesellenstück ist dieses Steh-Eßpult aus Buche und lackiertem MDF. Hier wurde für den Entwurf nach so profanen Tätigkeiten wie Frühstücken oder Teetrinken gefragt, und es wurden Lösungen gefunden, die jung und unkonventionell – und somit gesellenmäßig – wirken. Ein zart dimensionierter Quader nimmt mehrere Einschubteile auf, die als oberer Abschluß verwendet werden können: als Rechaud, als Brotablage, als Schneidebrett. Eine davorschwebende, gewinkelte Platte lädt zum Benutzen ein. Klare Formen und Linienführungen, verbunden mit einer sensiblen Material- und Farbauswahl kennzeichnen den Entwurf und stehen in reizvollem Spannungsverhältnis zum spielerischen Moment der Austauschbarkeit einzelner Funktionselemente.

Stehpult

von Jörg Finkbeiner

Dieses Stehpult lebt von seinen recht unterschiedlichen Stilelementen. Über einem streng kubischen Korpus »schwebt« eine freigeformte, sich »überschlagende« Massivholzplatte. Der Korpus ist durch Schubladen und Klappen gegliedert. Die Oberfläche ist mit Zeitungspapier belegt, das durch eine Klarlackschicht geschützt wird. Das Möbel besticht zunächst durch die unkonventionelle Oberfläche des unteren Teils sowie durch die Ausformung der naturbelassenen oberen Platte. Der Kontrast der Form des Korpusses zur Platte wirkt überaus belebend. Entstanden ist ein »lesbares« Möbelstück: Die Auswahl der Zeitungsausschnitte unterstreicht die gestalterische Haltung.

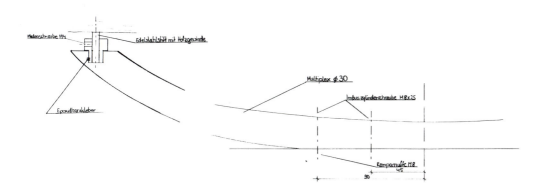

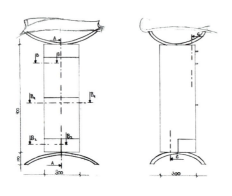

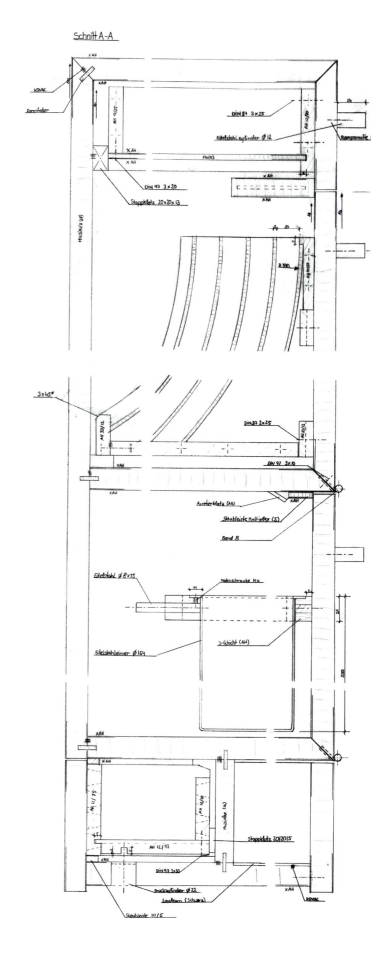

Schnitt A-A

120　　　Stehmöbel

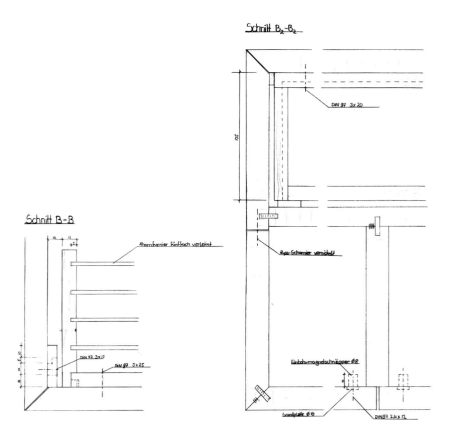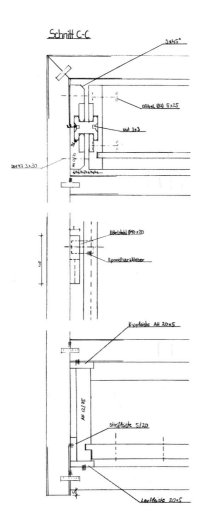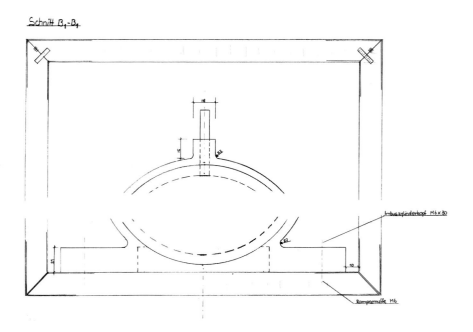

Stehmöbel

Barschrank

von Tom Kresin

Das Gesellenstück hat eine eigenständige Form, die entsprechend der Funktion als freistehendes Möbel umlaufend gleichwertig gestaltet wurde. Das schichtverleimte Bogenelement der Tür ist mit Abstandhaltern auf einem Korpusabschnitt montiert. Es läuft über die Platte hinaus, bildet so einen Rand und kennzeichnet dann die Funktionen »Bedienen« und »Verweilen«. Ein gelungenes Beziehungsspiel zwischen Form und Funktion. Die Holzart ist Birnbaum, die obere Platte MDF schwarz lackiert.

Stehpult

von Jochen Kuhnert

Das Thema Stehpult wird hier in einer neuen reizvollen Variante aufgegriffen. Sie ist formal überzeugend, weil die Funktionsteile in die Gestaltung einbezogen wurden. Die Handhabung ist aus der Konstruktion einfach erklärbar, und durchdachte Detaillösungen überraschen. Die Materialkombination Kirschbaum natur, schwarzes Leder und blankes Messing steht im richtigen Verhältnis.

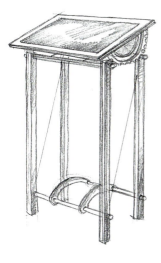

Stehmöbel

Brückenmöbel

Schminktisch

von Petra Thilmann

Dieser Schminktisch ist ein mit reizvollen Funktionsdetails ausgestattetes Gesellenstück. Es zeichnet sich durch ausgewogene Proportionen, Farb- und Materialauswahl aus. Die Platte mit dem integrierten Spiegel ist aus Vogelaugenahorn, die unteren Korpusteile aus MDF sind lackiert, Sockel und Zwischenteile aus Edelstahl.

Geschirrschrank

von Johann Pitter

Hier wurde eine klassisch elegante Grundform in ein Möbel mit ausgewogenen Dimensionen und Proportionen umgesetzt. Die Linienführung wird einerseits durch Fugen, andererseits nur durch den Holzfaserverlauf betont – es wird mit Vor- und Rücksprüngen der Konstruktion gespielt. Durch die konsequente Rückseitenausbildung kann das Möbel auch frei im Raum stehen. Dies ist ein angemessenes Gesellenstück, das viel handwerkliches Können und einen außergewöhnlich souveränen Umgang mit dem Material Holz in Vollholzkonstruktion zeigt.

Tradition

Geschirrschrank

von Matthias Lang

Dieses Gesellenstück ist ein vorbildliches, durchkonstruiertes Stollenmöbel. Hier fallen besonders die äußerst gelungenen Proportionen und Dimensionen des Stücks insgesamt – aber auch der einzelnen konstruktiven Möbelteile wie Friese, Fugen und Stollen auf. Bei dem umfangreichen Volumen des Korpusses wirkt es trotzdem leicht und harmonisch. Die Holzart ist Oregon. Dies ist der Prototyp des klassisch zeitlosen Möbels, es zeigt viel handwerkliches Gespür und einen gekonnten Umgang mit dem Werkstoff Holz.

Sekretär

von Reno Krempin

Auch Möbel wie dieser Schreibsekretär aus Eiche sind heute noch als Gesellenstücke anzutreffen. Sie bestechen häufig durch eine saubere technische Ausführung. Gestalterisch wurde versucht, historische Stilelemente nachzuempfinden. Neue Ideen und Impulse sind nicht zu erkennen.

Ungewöhnliches und Ausnahmen

Regal

von Peer-Anders Urban

Eine Kombination aus Regal und Raumteiler ist dieses Gesellenstück. Es ist sehr variabel und bietet die verschiedensten Einsatzmöglichkeiten. Die Konstruktionsidee ist beeindruckend. Die Fachbretter wirken wegen der enthaltenen Schübe noch etwas massiv.

Baßgitarrenkoffer

von Stefan Huber

Eine individuelle Aufgabenstellung wurde hier in eine funktionale Lösung umgesetzt. Das ist handwerklich und optisch sehr gut gelungen, läßt jedoch eine innovative Idee vermissen. Das Stück zeigt einen sensiblen Umgang mit dem Werkstoff Holz, eine saubere, konstruktive Durcharbeitung und optisch erkennbare, sinnvolle Abgrenzungen der Funktionen. Die Form wurde visuell einer Konstruktion klassisch handwerklicher Art untergeordnet. Insgesamt ist es vom Aufwand her ein geeignetes Gesellenstück, das nachfolgende Jahrgänge anregen soll, auch einmal eine individuelle Aufgabenstellung in einem nicht vordergründig mit Schreinerarbeit verknüpften Gebiet zu suchen.

Ungewöhnliches und Ausnahmen

Mehrzweckmöbel

von Stefan Beyer

Hier wurde aus der pfiffigen Idee eines Stehpultes ein raffiniertes Mehrzweckmöbel mit skulpturhafter Objektwirkung. Es eignet sich für kurzzeitiges Schreiben in variablen Höhen sowie auch als Sitzmöbel. Der Versuch, von gewohnten Konstruktionen abzuweichen und mit wenigen Teilen (nur vier zusammensteckbare Elemente) eine Funktion zu erfüllen, verdient Anerkennung. Das beigestellte Kastenelement ergänzt die Stehpultkombination und stellt Stauraum zur Verfügung. Die Materialauswahl (Holz und rostiges Eisen) ist eine sehr persönliche Entscheidung. Das untere Eisenteil (die Rolle) ist konstruktiv nötig – es gibt den schmalen hohen Elementen die erforderliche Stand- und Kippfestigkeit. Die Nutzung muß noch in Frage gestellt werden.

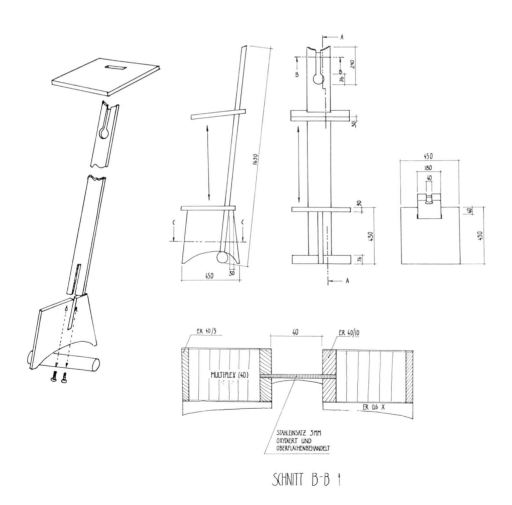

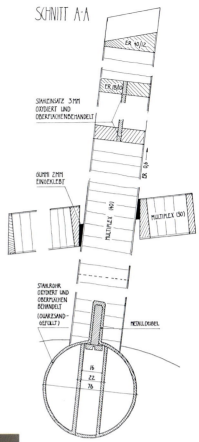

Ungewöhnliches und Ausnahmen

Schränkchen

von Jochen Burchard

Ob ein Möbel aus Holz und Beton schön sein kann, darüber läßt sich bekanntlich streiten. Aber originell ist es in jedem Fall. Bei dem Objekt mit dem Namen »Quadrant« – einem Schränkchen aus Buche und Beton – hat nicht allein die Originalität, auch die gute Schreinerarbeit überzeugt. Als Schubladenkonstruktion wurde hier eine einfache, aber pfiffige Lösung präsentiert. Werden die Türen geöffnet, schmiegen sie sich ganz glatt an den Korpus und verlängern ihn in einer Linie nach vorne. In den Innenseiten der Türen ist je eine Nut gefräst. So läßt sich die kleine Schublade – ohne Beschlag – ganz nach vorne ausziehen.

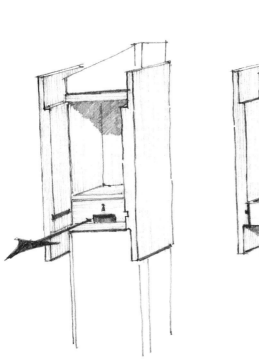
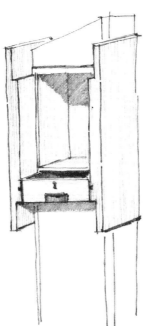

Kommunikationsbank

von Andreas Ehrensberger

Ein etwas ungewöhnliches, aber durchaus interessantes Gesellenstück ist diese »Kommunikationsbank« aus Birnbaum und Ahorn. Die links und rechts angebrachten Kästen können z. B. das Telefon aufnehmen oder dienen einfach als Ablage für Zeitschriften oder Notizblock. Dekorativ ist die gitterartige Rückenlehne (sie wird hoffentlich nicht mit Kissen zugestellt).

Tische

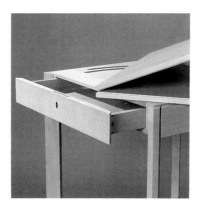

Beistelltisch

von Ursula Zottmaier

Dies ist ein sehr schlichtes, nützliches Möbel, das erst auf den zweiten Blick auffällt, dann aber sehr positiv. Es ist ein gelungener konstruktiver Entwurf, bei dem die Details in der Ausführung auch konsequent durchgehalten sind. Die Linienführung ist sehr harmonisch, ebenso die Proportionierung, wobei das untere Kreuz (Fußgestellteil) auch etwas dünner sein könnte. Die Holzauswahl ist zwar zweckmäßig, sie wirkt jedoch etwas langweilig. In einem anderen Holz wäre dieses Stück eine sehr edle und äußerst praktische Ergänzung zu vorhandenen Einrichtungen. Ein sinnvolles und ausreichend schwieriges Gesellenstück wie man es sich gerne wünscht.

Tische

Eß- und Spieltisch

von Andrea Stahl

Bei dem Eß- und Spieltisch drückt sich in bemerkenswerter Weise der Gestaltungswille in der formalen Ausbildung der Tischstollen aus. Die konsequente Anwendung ausgewählter Vollholzkonstruktionen zeigt sich sowohl am Untergestell des Tisches als auch an der Tischschublade.

Die Proportionierung des Gesamttisches ist den gestalterisch tragenden Beinen angemessen.

Schreibtisch mit Aufbau

von Yawar Behechti

Überraschend unaufwendig der zweiteilige Schreib-/ Arbeitstisch, der vielfältig kombinierbar, einzeln und im Verbund zu benutzen ist und im Detail verblüfft.
Durch seitliches Verschieben der Teile kann die Arbeitsplatte variiert werden.

Phonomöbel

Phonoschrank

von Christine Rössler

Gute Proportionen und interessante Frontgestaltung durch diagonal getrennte Türen zeichnen dieses Gesellenstück aus. Intelligent wurden hier typische Phonoschrank-Probleme gelöst. Bei dem Schrank aus Ahorn hat die Plackerei mit dem »Kabelsalat« ein Ende. An der Rückwand wurde genügend Platz für Kabel und Drähte geschaffen. Auch die Vernetzung der Geräte ist kein Ärgernis mehr. Durch die Gitterkonstruktion der Rückwand lassen sich alle Kabel bequem miteinander verbinden, und gleichzeitig ist für die nötige Frischluft gesorgt. Die Türen lassen sich komplett an die Seiten anlegen. Die Hi-Fi-Anlage kann so bequem bedient werden.

Phonomöbel

von Josef Adlmaier

Das Stück wirkt wie eine Raumskulptur. Trotzdem ist es ein sehr funktionales Möbel. Bemerkenswert ist die sparsame und durchdachte Materialverwendung und das »Weglassen« für die Konstruktion nicht notwendiger Verzierungen. Die Materialabstimmung ist sehr harmonisch und zeigt Gespür für Materialästhetik. Proportionen und Formen des Stücks sind ausgewogen, zeigen aber eine Rhythmik, die der »Musikalität« des Möbels entspricht.

Hier wurde mit einfachsten Mitteln ein sehr funktionales und zeitloses Einzelmöbel gefertigt, das jedoch nicht langweilig wirkt.

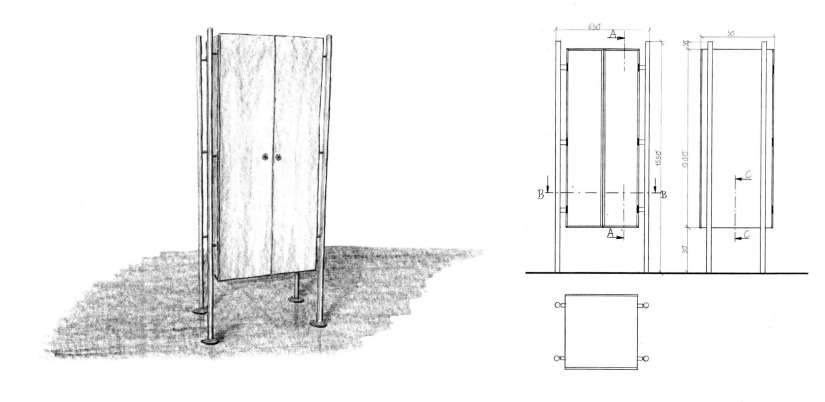
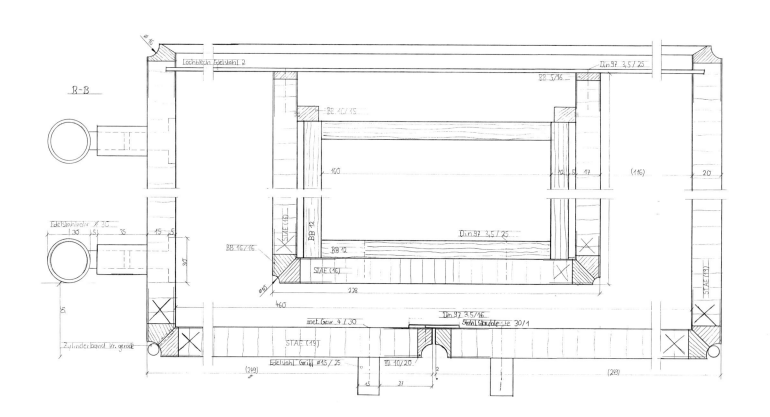

Phonomöbel

Phonoschrank

von Markus Reiff

Der Phonoschrank aus Birnbaumholz wird von einer Edelstahlkonstruktion getragen. Mit den Füßen, kleine Teller mit Gewindestab, läßt sich der Schrank auf jedem noch so »buckligen Boden« geradestellen. Und Hi-Fi-Fans wissen, wie sensibel Geräte auf Schieflage reagieren. Sensibilität ist aber auch die besondere Eigenschaft des Stücks hinsichtlich der Schreinerarbeit. Alle Teile wurden klassisch sauber und vor allen Dingen sehr fein verarbeitet. Die Wärmeabführung ist durch die Lochblechrückwand garantiert, und auch mit dem mittleren Auszug sind alle Funktionswünsche erfüllt.

Nachweis der Fertiger

S. 83 Erwin Frick, Hausbar, »Gute Form 1995«, Bayern und Bundeswettbewerb 1996

S. 84 Michael Riffel, Säulenschrank, 1993, Nordrhein-Westfalen

S. 86 Thomas Schweikhard, Vitrinenschrank 1993, Nordrhein-Westfalen

S. 87 Rainer Gehling, Wandmöbel, Nordrhein-Westfalen Bundeswettbewerb »Gute Form 1995«

S. 88 Christoph Ebmeier, Geschirrschrank, Nordrhein-Westfalen, Bundeswettbewerb »Gute Form 1993«

S. 90 Michaela Helsler, Sammlerturm, »Gestaltete Gesellenstücke 1994«, Baden-Württemberg

S. 91 Achim Mühlberger, Phonoschrank, »Gestaltete Gesellenstücke 1994«, Baden-Württemberg

S. 92 Matthias Junginger, Flötenschrank, »Gestaltete Gesellenstücke 1994« Baden-Württemberg und Bundeswettbewerb 1995

S. 94 Michael Neumeister, Bücherschränkchen, »Gute Form 1995«, Bayern

S. 95 Swantje Wittenberg, Gläserschrank, »Gute Form 1994« Niedersachsen und Bundeswettbewerb 1995

S. 96 Florian Bucki, Sammlerschrank, »Gute Form 1994«, Bayern

S. 98 Heike Käßheimer, Vitrine, »Gestaltete Gesellenstücke 1995«, Baden-Württemberg und Bundeswettbewerb 1996

S. 100 Holger Blank, Vitrine, »Gestaltete Gesellenstücke 1994«, Baden-Württemberg

S. 101 Silja Riethmüller, Highboard, »Gestaltete Gesellenstücke 1995«, Baden-Württemberg

S. 102 Timo Schwack, Schreibtisch, »Gute Form 1993«, Bayern

S. 104 Andreas Marhauer, Containerschrank, »Gute Form 1993«, Niedersachsen-Bremen

S. 105 Thomas Gnüge, Säulenmöbel, »Gute Form 1993«, Bayern

S. 108 Miguil Giron Becker, Wäschekommode, »Gute Form 1994«, Bayern

S. 110 Frauke Hildebrand, Schrank, »Gestaltete Gesellenstücke 1995«, Baden-Württemberg

S. 111 Bernhard Kinzler, Kendo-Schrank, »Gestaltete Gesellenstücke 1995« Baden-Württemberg und Bundeswettbewerb 1996

S. 114 Tobias Petri, Mehrzweckschrank, »Gute Form 1995«, Bayern und Bundeswettbewerb 1996

S. 116 Alexander Böhm, Schrank, »Gute Form 1994«, Bayern

S. 117 Markus Auerhammer, Telefonschränkchen, »Gute Form 1995«, Bayern

S. 118 Thomas Becker, Steh-Eßpult, »Gute Form 1994« Nordrhein-Westfalen und Bundeswettbewerb 1995

S. 119 Jörg Finkbeiner, Stehpult, »Gestaltete Gesellenstücke 1994«, Baden-Württemberg

S. 122 Tom Kresin, Barschrank, »Gute Form 1992« Bayern und Bundeswettbewerb 1993

S. 123 Jochen Kuhnert, Stehpult, »Gute Form 1993«, Nordrhein-Westfalen

S. 124 Petra Tilmann, Schminktisch, Bundeswettbewerb 1992

S. 125 Jochen Pitter, Geschirrschrank, »Gute Form 1995«, Bayern

S. 126 Matthias Lang, Geschirrschrank, »Gute Form 1993«, Bayern

S. 127 Reno Kempin, Sekretär 1993, Mecklenburg-Vorpommern

S. 128 Peer Anders Urban, Raumteiler, 1993, Schleswig-Holstein

S. 129 Stefan Huber, Gitarrenkoffer, »Gute Form 1995«, Bayern

S. 130 Stefan Beyer, Mehrzweckmöbel, »Gute Form 1994«, Bayern

S. 132 Jochen Burchard, Quadrant, »Gestaltete Gesellenstücke 1993«, Baden-Württemberg

S. 133 Andreas Ehrensberger, Sitzbank, »Gute Form 1994«, Bayern

S. 134 Ursula Zottmaier, Beistelltisch, »Gute Form 1993«, Bayern

S. 136 Andrea Stahl, Eß- und Spieltisch, »Gestaltete Gesellenstücke 1995«, Baden-Württemberg

S. 137 Yawar Behechti, Arbeitstisch, »Gute Form 1993«, Nordrhein-Westfalen

S. 138 Christine Rössler, Phonoschrank, »Gestaltete Gesellenstücke 1993«, Baden-Württemberg

S. 139 Josef Adlmaier, Phonoschrank, »Gute Form 1993«, Bayern

S. 140 Markus Reiff, Phonoschrank, »Gestaltete Gesellenstücke 1993«, Baden-Württemberg

Fotos

Markus Fenchel, Stuttgart

Kuhn + Ehrengruber, Neusäß

Andreas Weisheit, Herscheid

Wilhelm Kaufmann, Norderstedt

Die Abbildungen wurden, mit freundlicher Unterstützung der Redaktion, der Fachzeitschrift **dds – magazin für möbel und ausbau** entnommen.

Jörg Hempel, Aachen